HISTÓRIA ILUSTRADA DA CIÊNCIA
da Universidade de Cambridge

HISTÓRIA ILUSTRADA DA CIÊNCIA
da Universidade de Cambridge

em quatro volumes

I. Das origens à Grécia
II. Oriente, Roma e Idade Média
III. Da Renascença à Revolução Científica
IV. A ciência nos séculos XIX e XX

Colin A. Ronan

HISTÓRIA ILUSTRADA DA CIÊNCIA
da Universidade de Cambridge

Volume II

Oriente, Roma e Idade Média

Tradução:
Jorge Enéas Fortes

Revisão técnica:
Yedda Botelho Salles
Mestrado em computação e estatística, USP
Pós-graduação em filosofia, UFRJ
Doutorado em matemática aplicada, UFRJ

Jorge Zahar Editor
Rio de Janeiro

Título original:
The Cambridge Illustrated History of the World's Science

Tradução autorizada da reimpressão da primeira edição inglesa publicada em 1984 por The Press Syndicate of the University of Cambridge e Newnes Books

Jorge Zahar Editor Ltda.
rua México 31 sobreloja
20031-144 Rio de Janeiro, RJ
tel.: (21) 2240-0226 / fax: (21) 2262-5123
e-mail: jze@zahar.com.br
site: www.zahar.com.br

[Edição para o Brasil]

Capa: ilustração adaptada de "Margarita Philosophica", de Gregor Reisch

Crédito das ilustrações no volume final da série

Impressão: Cromosete Gráfica e Editora

CIP-Brasil. Catalogação-na-fonte
Sindicato Nacional dos Editores de Livros, RJ.

Ronan, Colin A.,
R696h História ilustrada da ciência da Universidade de Cam-
v.2 bridge, volume 2: Oriente, Roma e Idade média / Colin A. Ronan; tradução, Jorge Enéas Fortes; revisão técnica, Yedda Botelho Salles. — Rio de Janeiro: Jorge Zahar Ed., 2001.
:il.

Tradução de: The Cambridge illustrated history of the world's science
Inclui bibliografia
ISBN: 85-7110-380-1

1. Ciência – História. I. Título.

CDD – 509
01-1384 CDU – 50 (091)

Sumário

Capítulo 3

Ciência chinesa

Até a década de 60, o Ocidente praticamente desconhecia a ciência chinesa. Umas poucas idéias circulavam entre os historiadores de astronomia, e havia algumas informações disponíveis sobre a botânica, a medicina, a física e a engenharia chinesas, mas, em geral, a avaliação da cultura científica daquele país era lamentavelmente inadequada. Certamente havia algumas concepções errôneas bem difundidas, o que atribuía aos chineses quase todas as invenções e descobertas primitivas, ou, por outro lado, lançava dúvidas sobre prováveis contribuições dos chineses em qualquer campo de atividade.

O problema básico era a barreira da língua. Até há pouco tempo, a maioria daqueles que sabiam chinês não era versada em ciência natural — dedicava-se a outros campos de atividade; mas agora, graças aos esforços de Joseph Needham, em Cambridge, e de seus colegas de todo o mundo, essa situação está se alterando. O trabalho desses estudiosos com treinamento científico ainda está incompleto, mas um breve resumo dos resultados até agora obtidos pode nos dar uma visão do desenvolvimento da ciência chinesa até o século XVII, quando ela se transformou irrevogavelmente, integrando-se na ciência universal. Em 1582, o jesuíta Matteo Ricci chegou a Macau e, quase vinte anos mais tarde, aportou em Pequim. Ali, esse grande estudioso — ele era lingüista, matemático, cientista — não apenas executou seu trabalho como missionário religioso, como também para ganhar a confiança da corte, expôs os primeiros resultados da nova revolução científica do Ocidente. Após a morte de Ricci, em 1610, outros missionários igualmente experientes em vários campos científicos assumiram essa missão. A ciência chinesa não podia mais se manter com uma identidade distinta, e as realizações chinesas posteriores tornaram-se parte do cenário científico internacional.

Sobre o impacto, no pensamento europeu, dos relatórios de missionários como Ricci, ver volume III, capítulo 8, "Ciência biológica — botânica, zoologia e medicina".

Ao analisar a ciência primitiva dos chineses, os historiadores observaram uma vantagem, ausente no estudo da ciência de qualquer outro povo: a escrita chinesa. Os ideogramas exprimem uma idéia e não o som da palavra que representa essa idéia; portanto, a escrita chinesa permanece essencialmente a mesma, desde os tempos antigos, e assim, hoje, pode-se ler um texto primitivo com a mesma facilidade com que se lê um texto moderno.

Aparentemente, não há razões que expliquem a sobrevivência da escrita ideográfica no Extremo Oriente, mas o próprio fato de uma escrita alfabética nunca se ter desenvolvido nessa região representa algo que devemos considerar quando analisamos a ciência chinesa; isto é, estamos vendo uma explanação do mundo natural construída no âmbito de uma cultura muito diferente da nossa. É uma cultura que, por longo tempo, manteve-se, de certa forma, isolada do Ocidente e se desenvolveu quase por si mesma. Certamente, houve contatos com povos de outros hemisférios antes e depois de Marco Polo, no século XIII, mas eles eram raros e ocorreram em épocas em que os chineses não encorajavam em absoluto a presença de estrangeiros.

O isolamento da China devia-se e deve-se, em parte, ao aspecto geográfico. Embora tenha uma longa costa, que se estende por cerca de 5 000 quilômetros, a maior parte do país se volta para o leste, para o Pacífico, enquanto a parte sul tem suas praias no mar da China Meridional, com cerca de 1 600 quilômetros de extensão. Em tempos primitivos, o mar formava uma barreira intransponível no que diz respeito à parte ocidental. Por terra as coisas eram melhores. Ao norte, a China é limitada pela Mongólia e o deserto de Gobi; a oeste, pelas vastas cordilheiras de Tien-chan e o maciço tibetano; na verdade, a exploração da região ocidental implica subir, virtualmente, uma escada de montanhas. Do ponto de vista geográfico, o que causa admiração não é o fato de a China ter estado quase isolada do mundo, mas ter havido uma comunicação, ainda que débil, com o Ocidente.

Quanto ao país propriamente dito, à primeira vista parece estar dividido em três partes, tendo como linhas divisórias os dois grandes rios: o Amarelo (Huang-ho) e o Yang-tsé, que correm no sentido oeste—leste. Essa representação, porém, corresponde a uma supersimplificação, já que a terra é muito montanhosa. No entanto, às margens do rio Amarelo localizam-se as planícies de Hopeh e Honan, assim como as montanhas sagradas de Tai Shan. Há outras planícies a leste, em Shensi, na parte norte do rio. O rio Amarelo possui importantes afluentes, como o Lo, em cujas margens ficava a antiga capital da China, Loyang, e o rio Wei, em Shensi. Ao norte do vale do rio Wei, o solo é composto de pó trazido pelo vento dos desertos ao norte, durante eras; essa área foi o centro da mais antiga civilização chinesa.

O Yang-tsé deságua no Pacífico, ao norte de Xangai. Oferece maiores condições para a navegação do que o rio Amarelo, e nele se pode navegar até além dos três lagos de Tai, Poyang e Tung-ting, e daí, na província de Se-tchuan, através de desfiladeiros comparáveis ao Grand Canyon ou ao vale do Grande Rift, na África oriental. Uma visão geral do mapa da China mostra que, apesar de seus dois grandes rios, ela ainda é, da mesma forma que grande parte da Ásia central, numa área onde as terras planas se intercalam com regiões montanhosas, algumas delas particularmente altas e escarpadas. Grandes trechos do país são de difícil acesso, o que dificultou enormemente a unificação da cultura.

Em uma terra de tais contrastes, há, naturalmente, grande variedade de climas, do quente e úmido ao sul, em uma latitude de 20 a

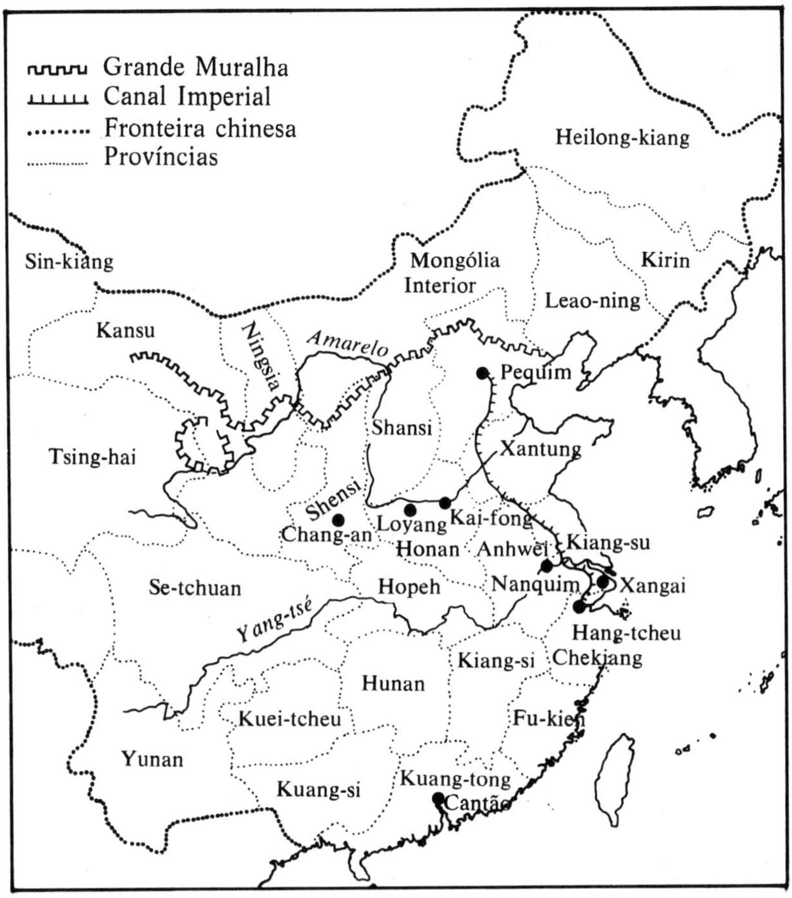

25 graus norte — nível semelhante ao da Birmânia e da Índia, do Egito e do Saara, do México e de Cuba —, a um norte mais temperado, com 40 graus de latitude — tão setentrional quanto a Turquia, a Grécia, Madri, Filadélfia e Denver. Na região oeste, há também os desertos glaciais das altas terras montanhosas e, na leste, as áridas montanhas de Xantung, onde os invernos são muito frios. Os vales apresentam também características bastante diversas: a planície do norte da China, junto à província de Xantung, é formada pelo aluvião do rio Amarelo e é extremamente fértil. Trata-se de uma área densamente povoada, apesar das periódicas inundações. Ao norte e a nordeste, nas províncias de Shansi, Shensi e Kansu, as planícies formadas pelo pó impelido pelo vento são excepcionalmente férteis, pois a terra conserva-se sempre úmida, proporcionando grandes colheitas, apesar do baixo índice pluviométrico. O baixo vale do Yang-tsé também é uma terra produtiva, mas necessita de irrigação; e aqui o gênio chinês para a construção de canais e cursos d'água manifestou-se desde cedo. Em Se-tchuan, numa bacia às margens do Yang-tsé, há uma densa população, com vasta capacidade para a produção de alimentos — algumas vezes, obtêm-se até três colheitas por ano. O longínquo sul se notabiliza pelas florestas, rica fonte de madeira, e

por ser uma tradicional região pesqueira; além disso, é dessa região que sai o maior contingente dos marinheiros chineses, mas, em tempos mais antigos, a área estava isolada do restante do país.

Em suma, a China é um país que apresenta contrastes profundos de climas e paisagens, um país onde há regiões densamente povoadas e outras ocupadas apenas por raros nômades. Pode ter sido isolada, mas conteve em si própria um microcosmo do restante do mundo. Com uma área maior que a dos Estados Unidos e uma população prolífera, foi, na verdade, uma civilização independente; um continente com sua própria cultura altamente desenvolvida, assombrosa na amplitude de sua visão e de suas realizações independentes.

História da China

Há vários sistemas para a transformação das palavras chinesas no alfabeto ocidental. O mais familiar, até recentemente, era o sistema Wade-Giles; mas um novo sistema padronizado e internacional, o Pin-yin, foi introduzido em 1962. Nesse trabalho, as formas mais familiares Wade-Giles foram preservadas, mas inclui-se a soletração Pin-yin após cada nome aparecer pela primeira vez no texto.

Apesar das provas concretas da existência do homem de Pequim, cujos ossos fósseis datam de 350000 a.C. ou antes, e da cultura da Era Neolítica ou Idade da Pedra, por volta de 12000 a.C., a primeira civilização que nos interessa é a Yang-chao, que existiu em aproximadamente 2500 a.C., o que a torna contemporânea da civilização do vale do Indo, na Índia, e do Antigo Império, no Egito, embora tenha aparecido um milênio após a construção da cidade de Ur, na Suméria. No tempo da Yang-chao, havia milhares de aldeias espalhadas por uma faixa ao longo do rio Amarelo, de Kansu e Shensi a Shansi, Honan e Xantung. Produtos têxteis, cerâmica pintada e uma economia agrícola são características desse período, que, fato bastante interessante, se assemelham aos períodos culturais de uma comunidade que se estendia através do norte da Ásia e da América. A prova disso reside nos vários objetos feitos pelo homem; por exemplo, uma faca de pedra retangular, muito diferente de tudo o que se encontrou no Oriente Próximo e na Europa, mas achada entre os esquimós e ameríndios e povos da Sibéria e da China. Provavelmente, a migração através do estreito de Bering é a base dessa disseminação cultural. Entretanto, os chineses não constituíam apenas parte dela; já haviam criado seus próprios objetos. Dentre eles, os mais notáveis eram os dois recipientes para cozinhar, o *li* e o *tseng (zeng)*. O *li* era um recipiente de três penas ocas que aumentavam a superfície de aquecimento, e o *tseng*, um vaso para cozinhar que podia ficar suspenso, permitindo que a comida fosse cozida no vapor. O pote duplo, conhecido como *shien (xien)*, permitia o cozimento de mais de um alimento ao mesmo tempo; quando se introduziu o trabalho em bronze, esse tipo de utensílio difundiu-se por toda a China. Mais tarde, formou a base para o aparelho característico usado na Ásia oriental para a destilação de líquidos.

Ilustração à página 90

Por volta de 1600 a.C., havia uma cultura da Idade do Bronze bem desenvolvida na China, que perdurou por todo o período da dinastia Chang (1520 a 1030 a.C.). A existência desse período é confirmada pelas escavações arqueológicas realizadas em An-iang, na província de Honan. A prova é fornecida por "ossos-oráculos", e sua

Ilustração à página 41

descoberta foi favorecida pela sorte. No fim do século XIX, estranhas peças de osso eram vendidas por agricultores de An-iang a farmacêuticos locais como "ossos do dragão", a fim de serem moídos para uso medicinal. Felizmente, logo depois de tal prática se tornar comum, estudiosos chineses, visitando o local, notaram, perplexos, que havia algo escrito neles. Por volta de 1902, verificou-se que os ossos — omoplatas de boi — tinham sido usados para predizer o futuro. A técnica, conhecida como "escapulamancia", que utilizava cascos de tartaruga, bem como as omoplatas, era bastante simples: aplicava-se ferro em brasa ao osso, e as rachaduras conseqüentes eram interpretadas como a resposta dos deuses a perguntas específicas. Tratava-se de um método de adivinhação particular do período Chang, e seus praticantes eram muito organizados, mantendo registros de seus resultados nos ossos. Escritos em uma forma primitiva de ideogramas, mostram que histórias aparentemente lendárias eram firmemente baseadas em acontecimentos reais; portanto, são de grande importância para iluminar as eras primitivas da história chinesa.

O período Chang foi notável pela beleza de seus trabalhos em bronze, pelo uso generalizado do bambu — por vezes preparado em tiras e então transformado em livros — e pelo emprego de conchas de cauri como forma de moeda. Não se conhece a origem das conchas de cauri, mas uma possível fonte era a costa do Pacífico, próximo à embocadura do Yang-tsé.

Por volta de 1027 a.C., os Chang foram dominados pelos Tcheu, povo originário do oeste, região que corresponde hoje às províncias de Kansu e Shensi. Os conquistadores admiraram e respeitaram a cultura que encontraram, embora essa admiração não os tenha impedido de deportar grande parte da população Chang para seus próprios ducados — na verdade, ela deve tê-los encorajado a isso —, e eles criaram uma vigorosa sociedade feudal. Contudo, em 771 a.C., o imperador foi morto em combate, a capital mudou-se para leste, para Loyang, e vários Estados vassalos ganharam gradualmente sua independência durante os três séculos que se seguiram, sob governos suntuosos. Foi um período de progressos culturais e tecnológicos, especialmente depois que se assistiu ao início de um considerável trabalho em ferro, enquanto os sábios e seus "discípulos" passavam a uma existência peripatética, viajando de uma capital a outra para aconselhar os príncipes feudais. Fundaram-se academias de estudiosos, e na capital do Estado de Chi (Qi), o príncipe Hsuan (Xuan) estabeleceu uma academia que fornecia acomodações e manutenção para estudiosos de todo o país — isso em 318 a.C., cerca de setenta anos antes da fundação da Academia de Platão em Atenas. Várias outras modificações técnicas e econômicas ocorreram nessa época, inclusive o uso extensivo da irrigação. Assim, esse período dos "Estados Guerreiros" é considerado a idade "clássica" da China.

A unificação da China

Por volta de 221 a.C., o Estado feudal de Chin (Qin) tornou-se mais poderoso e mais bem organizado do que seus vizinhos e passou

Ilustração à página 41

a dominá-los. Esse "Império de Todos sob o Céu" era governado por um esmerado sistema feudal burocrático, que veio a servir de padrão para todos os governos chineses posteriores; dividiu o país em províncias, iniciou uma padronização em larga escala (dos pesos e medidas, da largura das estradas, do tamanho das carroças, etc.) e uniu várias pequenas estruturas de defesa para formar a Grande Muralha, provavelmente o maior projeto de construção de todos os tempos. Estendendo-se por mais de 2 400 quilômetros, tinha por fim não apenas afastar os "bárbaros" das economias pastoris do norte, como também manter os chineses dentro das regiões cultivadas; era tanto uma barreira à emigração quanto um baluarte contra a invasão. O imperador Che Huang-ti (Di) estende suas conquistas ao Japão, mas, para seu mérito, não estava interessado apenas no poder militar. Viajou por todo o império, ajudou a padronizar a língua chinesa e mostrou grande interesse pela alquimia. Quando morreu e foi sucedido por seu filho, que demonstrou ser um governante ineficiente, o reino desmoronou. Em 202 a.C., o poder passou para as mãos da dinastia Han, que iria reinar pelos quatro séculos e meio seguintes.

Sob os Han, a burocracia expandiu-se, e é sob esse reinado que as regulamentações são substituídas por um complicado sistema de funcionários, de acordo com os princípios do serviço público de Kung Fu Tzu (Confúcio). De todos os imperadores Han, o maior foi Wu Ti (Di), que estabilizou o país, implantou uma administração eficiente e procurou fazer uma política externa esclarecida. Em sua época, romanos e sírios romanos visitaram o país pelo mar, e uma missão diplomática deveras extraordinária foi enviada, por terra, ao norte do Afeganistão, Tajiquistão e Usbequistão. Isso deveria levar à expansão do império chinês para oeste e ao estabelecimento de uma rota comercial até o Irã, conhecida como a "Rota da Seda". A estabilidade do governo Han encorajou a ciência e a tecnologia, e foi durante esse período que se inventou o papel, embora a inovação levasse seis séculos e meio para atingir a Ásia central e doze séculos para chegar à Europa ocidental. Foi também durante o reinado dos Han que o budismo penetrou na China, procedente da Índia; a consolidação dessa religião aconteceu quando o país se dividiu em três reinos, pois, durante essa revolta, muitas pessoas encontraram refúgio espiritual nessa nova doutrina religiosa.

No ano 265 d.C., após um período de instabilidade a dinastia Wei assumiu o controle do país, embora a casa reinante fosse a de Chin (Jin), um dos generais daquela dinastia. Mas ainda não havia paz. A China sofre várias invasões do norte, que empurraram os Chin para o sul do Yang-tsé, e talvez por essa razão dedicou-se muita atenção ao desenvolvimento da tecnologia militar; mas aqueles que não possuíam inclinações militares voltaram sua atenção para a especulação e para a ciência; portanto, cientificamente, essa foi uma época bastante produtiva. Na última parte do século V, o país foi novamente dividido em dois, e permaneceu assim por um século, com a dinastia Sui, de curta duração, seguida pela Tang (Dang), cujo domínio durou até o princípio do século X. Durante o período Sui, construíram-se as principais ligações do Canal Imperial, que formava uma vasta rede de comunicações, cortando os antigos campos de batalha onde as forças dos Chin haviam combatido. Esse canal iria trazer grandes benefícios para a China, em termos de fornecimento de suprimentos aos exércitos e de permitir eficiente movimento das taxações de grãos — elemento importante para se aliviar a fome; entretanto, sua construção custou grandes sacrifícios humanos. Na verdade, menciona-se que, dos cerca de 5,5 milhões de pessoas envolvidas na força de trabalho, 2 milhões nunca regressaram.

Sob a dinastia Tang, as fronteiras e a influência da China começaram a se expandir. Os Tang penetraram no Tibete e se tornaram senhores virtuais da Manchúria, da Coréia e parte do Turquestão. Contudo, sua penetração para oeste foi interrompida, em 751 d.C., no Usbequistão, na Batalha do Rio Talas, onde os chineses enfrentaram um povo muçulmano. Embora isso tivesse marcado o fim da expansão chinesa para o Ocidente, também interrompeu a marcha muçulmana rumo ao Oriente. Foi uma das batalhas decisivas da história mundial e, naturalmente, teve repercussões no próprio império chinês, estimulando alguns satélites, como a Mongólia, a lutar e a obter a independência. Além disso, as relações com o Tibete se deterioraram, mas, no final, os tibetanos se tornaram tão problemáticos para os muçulmanos quanto tinham sido para a China. Por fim o imperador Tang concluiu um tratado com o califa Harun al-Rachid — chefe muçulmano imortalizado em *As mil e uma noites.*

Durante o reinado Tang, a China abriu novamente as suas portas aos estrangeiros. Estudiosos da Pérsia, da Síria e de outras partes do mundo muçulmano invadiram o país, e se tornou moda para os chineses ricos empregar especialistas estrangeiros (cavalariços e artistas, particularmente) em suas casas. Os chineses também viajaram para o estrangeiro. Religiões estrangeiras foram importadas — o cristianismo, o maniqueísmo e o zoroastrismo —, enquanto o budismo floresceu como nunca. De fato, essa religião tornou-se tão popular que quase formou um Estado alternativo, e em 845 as autoridades Tang reagiram: mais de 250 000 monges e freiras budistas foram obrigados a reassumir uma vida secular e mais de 4 500 templos e 40 000 santuários foram destruídos.

Durante o período Tang, a arte e a literatura floresceram, e a lei chinesa foi codificada, mas houve poucas realizações no campo da ciência. A alquimia foi praticada principalmente pelos taoístas, e os confucionistas estavam ocupados com mapeamentos. No entanto, embora um monge budista, I-Hsing (I-Xing), tenha feito alguns avanços na matemática e na astronomia, o aspecto geral foi fortemente orientado para as humanidades. Houve, porém, progresso tecnológico: a verdadeira porcelana foi produzida pela primeira vez e descobriu-se a pólvora, embora não tenha sido usada em guerras até 919, quando o poder dos Tang chegou ao fim e a China foi novamente dividida.

A reunificação aconteceu em 960, com a dinastia Sung (Song), que sobreviveu até 1126, quando uma invasão tártara os expulsou, e a corte e os funcionários fugiram para o sul, estabelecendo a capital em Hangchow (Hang-zhou). Contudo, apesar da revolta, os dois períodos do governo Sung — um governo Sung, no sul, durou até o último quartel do século XIII — foram épocas de grande atividade cultural, com especial ênfase na ciência e na tecnologia.

A dinastia Sung foi finalmente derrubada no século XIII, num conflito entre a cultura nômade das regiões do extremo norte e a agricultura intensiva estabelecida na maior parte da China. Em 1204, as tribos mongólicas se uniram e se lançaram para o sul, numa onda de conquista, embora somente em 1279 tenham conseguido derrubar os Sung. Quando o conseguiram, encontraram uma terra de inacreditável riqueza agrícola, que seus conselheiros chineses os persuadiram a aproveitar em vez de destruir. O território que essa conquista mongol anexou à nova dinastia Yuan era vasto, cobrindo grandes porções da Ásia central e criando problemas de administração. Como não confiavam nos chineses, os Yuan deram os postos mais altos a muçulmanos qualificados ou a europeus, quando não havia mongóis preparados para assumi-los. Assim, esse foi um período em que a China se tornou bastante conhecida no exterior. O veneziano Marco Polo (1254-1324) visitou o país e ali permaneceu cerca de dezessete anos como funcionário da corte.

A dinastia Yuan promoveu a melhoria das estradas e vias navegáveis e encorajou a exploração geográfica; foi também durante esse período que o grande atlas, o *Yu Du,* foi produzido por Chu Ssu Pen (Zhu Su Ben), e um importante observatório astronômico se estabeleceu em Pequim. Mas, gradualmente, a administração Yuan começou a vacilar; a elite estudiosa chinesa reassumiu os postos administrativos, o confucionismo ganhou terreno e o espírito nacionalista voltou a reviver. Em 1368 os mongóis foram destronados e se estabeleceu a dinastia Ming.

Cerca de 1403, a capital mudou-se de Nanquim para Pequim, e seguiu-se um período de exploração marítima. Os juncos chineses aventuraram-se até Sumatra, Ceilão (atual Sri Lanka) e leste da África, o que trouxe um novo conhecimento geográfico e grande variedade de produtos estrangeiros, assim como uma quantidade de animais estranhos, como emas e girafas. Possivelmente, a finalidade dos Ming era a exploração geográfica de uma área determinada, pois as viagens foram interrompidas tão subitamente quanto começaram, não se fazendo qualquer tentativa de controlar o oceano Índico, que se manteve sob uma jurisdição dos árabes e, dentro em breve, dos portugueses.

Houve alguns trabalhos científicos durante a dinastia Ming, particularmente em botânica. Alguns membros da família imperial mostraram interesse pelas plantas: criou-se um grande jardim botânico perto de Kai-fo e apareceu um livro que discutia o uso das plantas silvestres como alimentos em tempos de fome. Mas talvez a maior realização tenha sido a compilação de uma vasta farmacopéia, a *Pen Tsao Kang Mu (Ben Zao Gang Mu),* por Li Shih-Chen (Shi-Zhen). Datada de 1596, continha descrições de cerca de mil plantas e mil animais, ao lado de mais de 8 000 receitas neles baseadas e, como precaução, uma discussão de vários assuntos médicos.

Os Ming foram depostos por um chefe rebelde, Li Tzu-cheng (Zi-Cheng), em 1644, mas para conter os distúrbios civis que se seguiram, ele pediu ajuda à Manchúria. Uma vez estabelecidos, os manchus recusaram-se a deixar o país; apossaram-se do governo e ficaram no poder, como dinastia Ching (Qing), por quase três séculos. Com o poder manchu, nosso breve esboço histórico chega ao fim, pois foi nas últimas décadas dos Ming que os jesuítas chegaram à China e introduziram a ciência européia. Desde as primeiras décadas do governo manchu os cientistas chineses estavam assimilando e usando o novo conhecimento, e gradualmente a China passou a integrar a comunidade científica mundial. Assim, acompanhar o desenvolvimento da ciência chinesa pós-manchu é traçar o desenvolvimento da ciência ecumênica que tenta investigar o mundo natural, o que, do século XVII em diante, tornou-se uma tarefa verdadeiramente internacional.

O panorama chinês

Com a civilização chinesa, chegamos a um panorama do mundo e da ciência diferente, em muitos aspectos, daquele característico do Ocidente. Nas páginas subseqüentes, veremos essa diferença manifestar-se de várias maneiras na ciência chinesa primitiva. Mas para entender bem suas realizações devemos ter em mente que, desde os tempos mais primitivos, os chineses encaravam o universo como um vasto organismo, do qual o homem e o mundo natural representam apenas uma parte. Esse ponto de vista influenciou profundamente o modo pelo qual eles explicavam os fenômenos naturais; em alguns casos, isso os ajudou a se antecipar ao Ocidente na busca de explicações para muitos fatos; mas, em outros, impediu-os de achar a verdadeira interpretação para o comportamento do mundo. Um segundo fator que também desempenhou papel importante foi a rejeição — ou sua falta de crença — de toda espécie de divindade pessoal onipotente como um poder mais alto a governar o universo. Algumas conseqüências desse fato serão consideradas mais adiante.

Os chineses sempre demonstraram um extraordinário senso prático, uma imensa habilidade em aplicar todos os conhecimentos a fins práticos. Entre os povos primitivos, eles eram cientistas práticos *par excellence,* mas esta não é uma obra da história da tecnologia e, por isso, não vamos considerar seus imensos desenvolvimentos de engenharia em desenhos de eficientes foles e bombas, na manufatura do ferro e do aço, na execução de perfurações profundas, na construção naval e na produção da porcelana, ou em muitos outros aspectos da engenhosidade e da faculdade inventiva em que a China se antecipou ao Ocidente, em alguns casos, por mais de um milênio. Somente duas invenções chinesas — o relógio mecânico e a bússola magnética — se enquadraram em nossas finalidades. Entretanto, como veremos claramente, não foi apenas em tecnologia que os chineses mostraram seu pioneirismo; eles tinham alguns pontos de vista científicos que eram muito avançados para a época, embora freqüentemente os formulassem em termos práticos.

Confucionismo

O panorama intelectual chinês — a filosofia chinesa — foi, de modo geral, dividido em duas correntes — os confucionistas e os taoístas —, embora tenha havido outros, como os moístas, os lógicos e os legalistas e naturalistas —, que exerceram alguma influência em certas épocas. Os confucionistas seguiram os ensinamentos do mestre Kung, ou, em chinês, Kung Fu Tzu (Kong Fu Zi), a quem conhecemos pela versão latinizada de Confucius [Confúcio em português]. Confúcio nasceu em 552 a.C., na região que corresponde hoje à província de Xantung, e mantinha relações com a casa de Chang. Passou a vida desenvolvendo e prezando sua filosofia de harmonia e justiça nas relações sociais. Em certo período foi exilado de sua terra natal e vagou de uma corte feudal a outra, com um pequeno grupo de seguidores, mas regressou a casa para passar os últimos três anos de vida. Confúcio morreu em 479 a.C., pranteado pelos discípulos e pela família, mas, para o mundo, foi um aparente fracasso, pois suas idéias filosóficas permaneciam sem aceitação geral. No entanto, os ensinamentos de Confúcio deveriam ser adotados pelas gerações subseqüentes, até se tornarem a filosofia dominante dos funcionários do governo, de toda a vasta burocracia que a China deveria desenvolver. A alcunha posterior de "imperador não-coroado da China" não estava longe da verdade.

O que era o confucionismo? Habilmente denominaram-no uma doutrina de mentalidade social mundial; sua finalidade era promover a justiça social, embora sua aplicação nos Estados feudais burocráticos da China do século VI a.C. fosse limitada. Confúcio procurou a ordem em um país que atravessava um caos político e pregou o respeito ao indivíduo numa época em que a vida era barata. Queria a educação universal e segundo sua filosofia as posições administrativas e diplomáticas deveriam ser entregues àqueles qualificados por merecimento acadêmico e não social — sugestão incomum e inaceitável em sua época. E, embora tenha se inclinado mais para o academicismo, o conhecimento científico de Confúcio pode ser classificado como sofrível. Ele pensava que o universo tinha uma ordem moral e que era obrigação do homem aprendê-la e aplicá-la. O objeto de estudo apropriado da humanidade era o homem, não a análise científica do mundo natural. As idéias de Confúcio eram racionais, mas se concentravam nos problemas sociais, dando pouca importância ao estudo da natureza.

O discípulo mais influente de Confúcio foi Meng Ko (Ke), usualmente conhecido pela forma latinizada de Mencius [Mêncio em português]. Nascido mais de um século depois de Confúcio, Mêncio foi conselheiro dos Estados de Liang e Chi (Qi), e deu ênfase aos elementos democráticos do confucionismo. Mêncio tinha uma visão sublime da natureza humana; achava que todos os homens tinham uma tendência natural para o bem, mas nem todos os confucionistas posteriores concordaram com ele; pelo contrário, achavam até que os homens nasciam maus. Mais tarde, no século III a.C., proclamou-se que o homem nascia com elementos tanto do bem quanto do mal, mas nenhum tinha uma tendência inerente a se comportar de qualquer das duas maneiras.

Outro aspecto do confucionismo era sua "escada de almas". Como vimos no capítulo anterior, no século IV a.C. Aristóteles falou de várias espécies de almas — vegetativa, sensorial e racional —, levando em conta várias espécies de seres vivos. Os confucionistas tinham um sistema semelhante: o fogo e a água tinham um espírito sutil, mas não possuíam vida; as plantas e as árvores tinham um espírito vivo, mas não a percepção; os pássaros e os animais podiam perceber, mas só o homem tinha um sentido (ou espírito) de justiça. O sistema chinês era sutilmente diferente do de Aristóteles e, embora fosse formulado um século depois, não parece ter derivado de Aristóteles. Na China, a doutrina foi elaborada por Hsuan Tzu (Xuan Zi) (século III a.C.), que mostrou uma perspectiva bastante humanista e cética. Ele negava a existência de seres espirituais, demônios ou ogros, e, embora não tivesse aprovado nenhuma lógica científica formal, seria considerado hoje em dia uma mente ilustrada, que rejeitava a superstição. Contudo, dentro da verdadeira tradição confucionista, pensava que estudar a natureza e desprezar o homem era não compreender o universo. Desse modo, também desviou os homens do caminho da ciência, dando demasiada ênfase aos estudos sociais e, tendo em vista os conhecimentos da humanidade na época, fez isso muito cedo.

Sobre a classificação das almas por Aristóteles, ver volume I, página 114.

Durante a dinastia Han, o imperador ofereceu importantes sacrifícios à família Kung (Kong), em honra a Confúcio, e tais sacrifícios se tornaram mais disseminados; Confúcio tornou-se o santo patrono do funcionalismo, e o culto religioso do confucionismo cresceu. Uma religião de Estado, com o imperador como sumo sacerdote para toda a nação, caracterizou uma era mais antiga, mas isso era algo muito distinto.

Taoísmo

O maior movimento científico-filosófico primitivo da China foi o taoísmo. Tratava-se de uma mistura de religião e filosofia, magia e ciência primitiva, e seu nome veio da vontade de seus seguidores de alcançar Tao (Dao). O que era o Tao? É difícil defini-lo, de vez que não há palavra equivalente nas línguas ocidentais, mas podemos dizer que esse é um termo espiritual e filosófico que significa "o Caminho" ou talvez "A ordem da Natureza", no sentido do poder essencial do universo; deve-se enfatizar que não se trata do poder de um divino governante todo-poderoso, mas do poder imanente desse vasto organismo que é, ao mesmo tempo, o homem e o universo. Talvez seja melhor usar o termo chinês, Tao.

Foram duas as origens do taoísmo. Ele cresceu, parcialmente, entre os filósofos que, durante as guerras dos séculos VIII a V a.C., não se uniram aos príncipes feudais para aconselhá-los sobre a arte de governar, mas se excluíram da maior parte da vida social para contemplar e estudar a natureza. Suas origens, porém, também devem alguma coisa aos magos, feiticeiros e xamãs (sacerdotes mágicos), que acreditavam em várias divindades menores e espíritos do mundo natural, aos quais oravam para garantir boas colheitas e curar todas as doenças. Dessas influências desenvolveu-se a crença na Ordem Natural que trouxe todas as coisas à existência e governava cada ação por meio de uma retidão natural inerente, não uma força imposta.

Essas crenças estimularam o desejo de conhecer as causas dos fenômenos, de observar o mundo natural e até de conduzir experiências. O taoísta contemplaria a natureza, não por vã curiosidade, mas com a crença de que o conhecimento assim obtido iria trazer a paz interior. Em vez de usar esse conhecimento para dominar a natureza (como era o objetivo de tantas pesquisas científicas ocidentais), o taoísta nunca realizaria o que pudesse ser considerado uma ação "contrária" — usar a força contra a natureza. Os taoístas estavam interessados em mudanças cíclicas e olhavam para trás, para uma era "mais pura", mais simples, quando as coisas eram melhores — a crença muito antiga numa "idade de ouro" situada no passado distante.

Para maiores informações sobre a alquimia chinesa, ver página 61; para uma comparação com a alquimia islâmica, ver páginas 126-128; e com a alquimia na Europa, durante a Renascença, ver volume III, capítulo 7, "Química".

Os taoístas não se preocupavam, como os confucionistas, com o estudo social do homem, nem com idéias de classe social. Admiravam o artesão tanto quanto a arte do desenhista ou as idéias do teórico, e foi isso, sem dúvida, que os habilitou a conduzir experiências e, ao mesmo tempo, manter sua posição como filósofos, algo que os confucionistas jamais poderiam fazer. Admiravam o individualismo e acreditavam na possibilidade da imortalidade individual, a imortalidade do corpo. Tendo em vista esse fim, encorajavam uma ginástica especial e práticas semelhantes, e, algumas vezes, ingeriam drogas, que eram de conteúdo mineral (o ouro era considerado especialmente eficaz), e essa alquimia trouxe à luz muito conhecimento, particularmente biológico, como ocorreu no Ocidente. (Na China, a principal finalidade da alquimia consistia na descoberta do elixir da imortalidade; no Ocidente, na transmutação de metais básicos em ouro.)

Tanto o confucionismo como o taoísmo tornaram-se religiões. Para começar, a religião taoísta desenvolveu-se como reação ao estabelecimento do confucionismo como religião. Ligava-se a uma família, a Chang (Zhang), devota do taoísmo e que, no século II d.C., se desenvolveu no que pode ser mais bem descrito como uma igreja taoísta, que ainda existe. Mas, depois dos séculos XI e XII, o poder da religião taoísta diminuiu, não menos como o resultado de implacáveis disputas com os budistas. Mas o destino da igreja taoísta é uma história à parte, pelo menos no que nos concerne. A essência do taoísmo — a procura do Tao — é o tema que se encontra presente em muitas correntes do pensamento chinês.

Taoístas Tang e neoconfucionistas Sung

O aspecto científico do taoísmo primitivo não foi bastante apreciado, e essa foi a primeira parte do ensinamento taoísta a definhar por falta de apoio. Conseqüentemente, por volta dos séculos III e IV d.C., a ciência taoísta estava efetivamente morta, e os confucionistas, então em posição de supremacia, encorajaram uma interpretação mística e religiosa do restante dos ensinamentos taoístas. Como resultado, difundiram-se escolas de pensamento taoísta-confucionista, com seus nomes — a "Razão Filosófica" ou grupos de "Pura Conversação" — ditando as suas filosofias. Mas, apesar de tudo, elas atraíram os melhores intelectos da época, mentes que em breve começaram a reagir contra a perspectiva de essas instituições se transformarem num sistema, assumindo as idéias e pontos de vista políticos mais liberais dos velhos taoístas. Alguns trabalhos desses rebeldes intelectuais nada falam de alquimia ou química medicinal, e esse foi um aspecto que teve não poucos seguidores. Na verdade, entre 389 e 404 d.C., o imperador da região do Wei Setentrional estabeleceu um professorado de taoísmo e um laboratório taoísta para a preparação de remédios, apesar das objeções do ortodoxo médico imperial.

Além disso, deu-se muita atenção ao *I Ching (I Jing, O livro das mutações),* que será descrito em breve, e durante o domínio Tang houve um renascimento da antiga filosofia taoísta, com filósofos procurando explicações do universo mais fundamentais do que os vagos discursos sobre matéria e forma dos taoístas primitivos. Esse novo e mais profundo entendimento demorou a ser conseguido, e só chegou à China medieval com os neoconfucionistas do período Sung.

Parece que esse renascimento do taoísmo fez com que os confucionistas sentissem de modo mais agudo a falta de uma idéia sobre o universo e o mundo natural, lacuna intelectual enfatizada pelos budistas, que tinham seus próprios pontos de vista sobre assuntos dessa natureza. A conseqüência foi que alguns confucionistas começaram a tentar ampliar sua perspectiva, tomando emprestados vários conceitos tanto do budismo como do taoísmo. Essa expansão do confucionismo foi gradual, como devia se esperar, com alguns pensadores aprofundando-se mais no taoísmo, mas atingiu o ápice na dinastia Sung, com Chu Hsi (Zhu Xi). Nascido em 1131 e falecido em 1200 d.C., Chu Hsi dedicou-se não a fazer descobertas, mas a fundir os pensamentos taoístas e confucionistas numa imensa síntese. Seu trabalho foi, de fato, semelhante ao tipo de trabalho que São Tomás de Aquino deveria realizar um século depois, no Ocidente, quando fundiu o cristianismo com a ciência grega e árabe. O trabalho de Chu Hsi difundiu uma visão do universo integralmente naturalista contra uma visão mágica, mística. Ele preparou o caminho para outros neoconfucionistas Sung fazerem uma análise do mundo natural e, acima de tudo, ajudou a criar uma atmosfera intelectual

Sobre Tomás de Aquino, ver páginas 153-154.

para o que pode ser chamada uma idade de ouro da ciência chinesa, no período Sung.

Moístas e lógicos

Os moístas — assim chamados devido ao fundador dessa corrente, Mo Ti (século V a.C.) — e os lógicos eram duas escolas primitivas de pensadores chineses que tentaram elaborar uma lógica fundamental científica. Mo Ti, provavelmente funcionário dos Sung, pregava o amor universal do homem pelo homem e condenava a guerra ofensiva (não a defensiva). Seus seguidores praticavam as artes marciais para ajudar as vítimas da opressão. Sua preocupação com a estratégia defensiva e as fortificações conduziram-nos a se interessar pelos métodos básicos da ciência, e eles fizeram alguns estudos de mecânica e óptica. Na verdade, parece que os moístas tinham uma inclinação pelas ciências físicas, assim como os taoístas tinham pelas ciências biológicas.

Em sua análise da ciência experimental, os moístas discutiram muita lógica básica. Atacavam problemas como a maneira pela qual a mente trabalhava para ordenar fatos observados, bem como as questões de causa e efeito; ao fazer isso, parecem ter atingido os dois importantes processos de raciocínio: a dedução (raciocínio que parte do geral para o particular) e a indução (raciocínio que parte do particular para o geral). Usaram também a idéia de modelos conceituais.

Os documentos dos lógicos, que nunca foram muito claramente diferenciados dos moístas, perderam-se, com exceção de um livro parcialmente preservado, *O livro do mestre Kungsun Lu,* e de outro que continha paradoxos, *O livro do mestre Chuang (Zhuang).* O primeiro é considerado o ponto alto da escrita filosófica chinesa e discute conceitos (isto é, "branco", "duro", "cavalo", etc.) como sendo diferentes de coisas particulares. Contém também uma discussão sobre a mudança — aspecto muito importante em biologia. Uma série de paradoxos foi preparada por Hui Shih, que viveu no século IV a.C., cerca de um século depois do filósofo grego Zenão; eles tinham a finalidade de chocar e, assim, fazer o leitor refletir sobre questões fundamentais. Assim, "o fogo não é quente; os olhos não vêem" coloca o indivíduo diante de questões de percepção; o fogo não é "quente" em si mesmo, embora seja assim que o interpretamos, e os olhos não vêem por eles mesmos (apesar da opinião dos antigos gregos). Por outro lado, "um ovo tem penas" enfatiza o fato de que um ovo é uma galinha em potencial. Essa técnica contribuiu para enfatizar as pesquisas sobre o mundo natural e, assim, para a nascente ciência chinesa.

Sobre Zenão, ver volume I, páginas 79.

Legalistas

Como seu nome indica, os legalistas pertenciam a uma escola autoritária de filósofos. Faltavam-lhes a humanidade e o amor pregados por confucionistas e moístas, além de não possuírem a sensibilidade e o amor à paz dos taoístas. O movimento começou no século IV a.C. e atingiu sua maior influência cem anos depois; foi a escola dos conselheiros que se constituíram em instrumentos de ajuda para que o último príncipe Chin (Qin) se tornasse o primeiro imperador de uma China unificada.

O ponto de vista dos legalistas era bastante simples. Pensavam que o conjunto de costumes que os confucionistas aplicavam de forma paternalista era muito fraco; era necessário um sistema mais forte e severo, baseado em leis escritas, não no uso comum, e que deveria ser aplicado rigidamente. A lei, pensavam, era o que dava forma ao povo. Se a lei fosse forte, o país seria forte. As punições deviam ser severas para impedir que o povo desrespeitasse as leis; se não ocorressem pequenos crimes, os grandes não apareceriam. De fato, seria pior para o povo cair nas mãos de sua própria polícia do que nas de um inimigo de guerra, e eles advogavam um sistema que compreendia a delação e a denúncia, mesmo entre membros de uma mesma família. O Estado requeria a obediência, não a virtude.

Os severos métodos dos legalistas não foram apenas impopulares; provocavam uma reação natural, e cerca de vinte anos depois, Che Huang-ti subiu ao poder, com a dinastia Han firmemente estabelecida, e deu início a um domínio mais suave, com a volta à ética confuciana. Mas, embora os legalistas tenham sido severos e inflexíveis, seus esforços são importantes na história da ciência chinesa, pois eles iniciaram o costume de tratar todos os assuntos com grande precisão: quantificar em números todos os assuntos concebíveis, da largura das rodas das carroças à conduta humana. Nada havia, segundo pensavam, que não pudesse ser especificado e apresentado sob a forma de regulamento, e nada, dos pesos e medidas às emoções, ficou fora de seu campo de ação. Ao lançar essa idéia, estavam, de fato, fazendo alguma coisa nova, e parece que foram estimulados a adotá-la, ao menos em parte, pelos novos avanços tecnológicos da época. Se tivesse sido seguida completamente, teria introduzido na ciência a quantificação — ato que expressa as coisas em números e não em palavras. E esse foi o ato que, como veremos, viria a ser a pedra angular da revolução científica européia dos séculos XVI e XVII. Talvez a revolução científica tivesse começado na China 1700 anos antes de chegar ao Ocidente. Mas não começou, e uma das razões — embora, certamente, não apenas a única — é que os legalistas fracassaram politicamente, e a maior parte de seus ensinamentos e atitudes morreu com eles.

Ao enfatizar o preceito da lei predeterminada, os legalistas chegaram próximos do conceito, tão forte na Europa, das leis da natureza. Era um conceito natural no mundo ocidental, pois sempre houve a crença em divindades orientadoras, a maioria onipotente. Elas dirigiam o homem e o mundo ao redor dele, e, assim, era de se esperar a idéia de que as coisas, vivas e inanimadas, se comportavam de acordo com uma lei divinamente ordenada. Mas isso não acontecia na China, onde não havia a crença na divindade orientadora e elaboradora de leis. O universo era um organismo: ele funcionava porque tudo se enquadrava em seu lugar natural e procedia de acordo com sua natureza. Quando os legalistas caíram, e com eles seu sistema, o estímulo de expressar processos através de números não pôde ser retomado. A lei chinesa não podia ajudar, pois era bem diferente da lei predeterminada pregada pelos legalistas, onde cada crime e cada punição eram quantificados; a lei chinesa só conhecia a "lei natural" do costume e do uso, temperada pelo que era bom e humanamente desejável. Isso não quer dizer que a China não tivesse códigos jurídicos, mas eram códigos com inclinações humanistas. Refletiam a atitude chinesa em relação ao universo, onde tudo acontecia por causa de uma retidão universal embutida, de uma harmonia e de um costume bem estabelecidos. O crime e as disputas jurídicas eram encarados mais como distúrbios no relacionamento do homem com a natureza do que como qualquer outra coisa. De fato, no código jurídico de Tang estava especificado que é perigoso trocar essa espécie de lei natural por outra de punições legalmente fixadas.

Com tal perspectiva, não há lugar para a lei no sentido legalista ou no sentido compendiado no Ocidente pelo direito romano. Na China, os direitos dos cidadãos não eram garantidos por lei; havia apenas deveres e obrigações. O supremo ideal era demonstrar justiça; não tanto decidir a responsabilidade de um infrator, mas avaliar a natureza da infração. No Ocidente difundiram-se idéias de uma lei natural, que atuavam entre todos os homens, e um conjunto de leis da natureza que eram obedecidas pelo mundo material. Na China não surgiu qualquer desses conceitos. Os taoístas nunca desenvolveram uma idéia genuína das leis da natureza: forças naturais como o Yin e o Yang (dos quais falaremos mais adiante) lhes eram suficientes.

Algumas idéias básicas da ciência chinesa

Entre os chineses, bem como entre os gregos, havia alguns conceitos científicos básicos usados para explicar o mundo natural. Dentre eles, comum a ambas as civilizações, o que se referia às propriedades básicas da matéria. Alguns filósofos gregos, como vimos, apoiavam a teoria atômica, mas o consenso geral não aprovava tal teoria; preferia-se pressupor quatro elementos básicos (terra, ar, fogo e água) e aliá-los às quatro qualidades (quente e frio, seco e úmido).

Sobre as teorias gregas dos quatro elementos e o atomismo, ver volume I, páginas 82-86.

Os chineses nunca desenvolveram uma teoria atômica, pois essa visão não combinava com o conceito de um universo natural, um vasto organismo que funcionava de acordo com a interação do comportamento reto e natural. Os moístas, é verdade, parecem ter-se inclinado para uma perspectiva atômica, mas seus pontos de vista nesse sentido não tiveram qualquer influência. Como os gregos, os chineses em geral optavam por uma teoria que usava um pequeno número de elementos básicos — em seu caso, cinco e não quatro. Essa teoria dos cinco elementos vem do passado — entre 350 e 270 a.C., pelo menos — e foi estabelecida e sistematizada por Tsou Yen (Zou Yan), por vezes chamado de fundador de todo o pensamento científico chinês e membro mais destacado da importante Academia Chi-

Hsia (Zhi-Xia) do príncipe Hsuan (Xuan). Tsou Yen era naturalista e pertencia à seita dos filósofos chineses que não desprezavam as cortes dos príncipes, como faziam os taoístas, mas, apesar disso, preocupavam-se em explicar o mundo natural.

Os cinco elementos originais chineses eram a água, o metal, a madeira, o fogo e a terra, embora eles não devessem logicamente ser considerados como meras substâncias (o que não eram), mas antes, como princípios ativos. Os elementos eram relacionados com processos existentes na natureza ou em laboratório. Assim, a água era caracterizada por molhar, gotejar e pelo movimento descendente, e era associada com o sabor salgado; as características do fogo eram queimar, aquecer pelo movimento ascendente, e seu sabor era associado com o amargo. A madeira aceitava novas formas pelo corte e pela escultura, e a acidez a caracterizava; o metal também aceitava formas pela modelagem ou pela fundição, e era de sabor acre. Finalmente, a terra era caracterizada por produzir vegetação comestível, e era doce.

Em breve esses elementos foram organizados em um sistema cíclico que se tornou muito estilizado no período Han. Esboçaram-se várias "ordens" dos elementos. Uma delas mostrava a seqüência na qual se supunha que os elementos tinham surgido, com a água como elemento primitivo. Uma outra ordem, a da "produção mútua", acreditava mostrar como um elemento dava origem a outro. Havia também a ordem da "mútua conquista", em que cada elemento podia conquistar o outro. Por exemplo, a madeira conquista a terra (uma vez que uma pá de madeira pode cavar a terra); o metal, a madeira (pode cortá-la e esculpi-la); o fogo, o metal (pode fundi-lo); a água, o fogo (pode extingui-lo). Para completar, a terra conquista a água (pode represá-la e contê-la, como os chineses sabiam muito bem, com seus eficientes e muitas vezes elaborados sistemas de irrigação). A ordem da mútua conquista era usada não só na ciência como também no campo político, pois era crença amplamente difundida que o comportamento do príncipe ou imperador e de seus funcionários da corte poderia, se fosse bom, ser guiado pela ordem da mútua conquista dos elementos, especialmente porque esses elementos eram associados com as estações e com as manifestações do mundo natural.

Os cinco elementos eram associados com todas as experiências. Constituíam símbolos de mudança, de quantidade (eram considerados responsáveis pelo controle de um processo, dependendo da quantidade do elemento presente) e, na ocasião oportuna, eram ligados aos cheiros, assim como aos gostos, aos pontos cardeais da bússola, às funções humanas, físicas e mentais, e aos animais. Eram também relacionados com o tempo atmosférico e com a posição das estrelas, com os planetas e até com aspectos de governo. Em suma, os cinco elementos eram associados a todas as atividades, tanto naturais quanto as realizadas pelo homem.

Uma segunda idéia básica da explicação chinesa sobre o mundo natural era a das duas forças fundamentais, o Yin e o Yang. Eram usadas de maneira filosófica no princípio do século IV a.C.; o Yin era associado a nuvens e chuva, ao princípio feminino, a tudo o que está dentro, que é frio e escuro. O Yang, por outro lado, liga-se às idéias de calor e tepidez, luz do sol e masculinidade. Não podiam ser encontrados separadamente, já que um era o complemento do outro; o que acontecia é que, em cada situação, um ou outro tomava a precedência ou (idéia surgida paralelamente, muito mais tarde, em nossa própria época, na terminologia da genética), um fator era dominante e o outro, recessivo.

Sobre o uso das idéias de dominância e recessividade, ver volume IV, capítulo 10, "Biologia no século XX — mendelismo".

Os cinco elementos e as duas forças fundamentais podiam, juntos, apresentar uma multiplicidade de associações dentro do mundo natural. Podiam cobrir tudo o que era suscetível de um arranjo em cinco partes, e as coisas que não se enquadrassem no esquema eram, posteriormente, arrumadas em outras associações — em quatro, nove, 28 partes, e assim por diante. Em outras palavras, os chineses praticavam o que é chamado de "pensamento associativo"; procuravam associações, relacionamentos entre uma coisa e outra.

Ilustração à página 48

Os cinco elementos e as duas forças fundamentais auxiliaram a ciência chinesa, pois tornaram possível que relacionamentos fossem definidos e, uma vez definidos, examinados. Eles indicavam como as coisas podiam "ressoar" uma com a outra, ou, de acordo com os cientistas atuais, permitiram aos cientistas chineses propor ação a uma distância entre um corpo e outro. Contudo, o que não trouxe nenhum proveito foi o modo místico de encarar esses relacionamentos, que se difundiu e foi preservado no *I Ching (O livro das mutações)*. Este provavelmente é uma compilação das profecias dos camponeses (relatos de acontecimentos extraordinários notados no homem e nos animais, histórias incomuns sobre o tempo e fatos semelhantes) e do material usado para a adivinhação, e se tornou um minucioso sistema de relacionamentos simbólicos e explicações que os utilizavam. Os cinco elementos e as duas forças fundamentais eram incorporados em seus extensos apêndices, embora a idéia das duas forças se tenha freqüentemente inserido no texto principal. A esse texto principal acrescentou-se uma coleção de padrões simbólicos, cada qual composto de conjuntos de três ou seis linhas cheias ou interrompidas. Cada um desses padrões é predominantemente ou Yin ou Yang, e são dispostos de tal modo a produzir esse resultado alternadamente. Em suma, trata-se de um texto repleto de implicações mágicas, e constitui o deleite daqueles que apreciam o misticismo relacionado com os números.

Ilustração à página 92

O texto data provavelmente do século III a.C., embora suas origens remontem a trezentos anos antes. Se se tratasse apenas de um texto utilizado para a adivinhação do futuro, não estaríamos discorrendo sobre ele, mas os apêndices, que estavam em um plano intelectual mais elevado que o restante do texto, a muitos parecem ter significação real. Apesar de sua natureza abstrata, talvez contenham uma quantidade tão grande de relacionamentos que poderiam lançar luz sobre todos os fatos observados na natureza e explicar cada fenômeno. *O livro das mutações* parecia ser o livro de referência natural dos estudiosos da época Han que procuravam decifrar os problemas das marés e dos efeitos do magnetismo; infelizmente, suas explicações eram apenas pseudocientíficas, e não traziam nenhum esclarecimento à luz da ciência. Certamente, a despeito dessa obra, fizeram-se descobertas de valor científico, mas, muitas vezes, desestimulavam-se essas descobertas com a alegação de que elas já constavam do *Livro das mutações*. Isso, naturalmente, parecia estimular-lhe a validade.

O verdadeiro perigo do *Livro das mutações* residia no fato de ele agir como esponja, absorvendo toda observação nova, em busca de associações apropriadas para que os novos fatos pudessem ser classificados. Um dos efeitos dessa ação foi desencorajar observações posteriores; outro, ridicularizar idéias. Apesar disso, a ciência chinesa fez progressos. Nenhuma outra civilização parece ter sofrido tanto por causa de um livro como o *I Ching,* mas talvez isso não seja surpreendente; ele era, essencialmente, um extenso e complexo sistema de arquivamento de relações e estava destinado a atrair a mente chinesa, que, afinal, desenvolvera a mais extensa — e eficiente — burocracia do mundo.

A tradição cética

O período Han pode ter assistido a uma ampla utilização do *Livro das mutações,* mas também viu o desenvolvimento de uma tradição cética que foi, certamente, um grande auxílio para a ciência. Foi um movimento de dúvida e descrédito dirigido contra a predição da sorte e a quantidade de práticas supersticiosas então correntes; não se iniciou na época Han — remonta a pelo menos cinco séculos antes desta —, mas tornou-se grande tradição entre alguns confucionistas desse período. Sua figura mais importante foi Wang Chung (Chong), 27-97 d.C., que elaborou um grande livro, *Discursos pesados na balança,* o que é, essencialmente, um clássico do racionalismo. Wang descria de tudo: atacava a crença corrente em fantasmas, espíritos do mal e uma quantidade de outras superstições, mas seu livro não era apenas uma reunião de ataques às práticas e idéias supersticiosas; tinha também um lado positivo. Wang falava, por exemplo, do lugar do homem no universo e adotou um ponto de vista surpreendentemente "moderno": longe de aceitar a crença corrente de que o homem era o centro de todas as coisas, refere-se aos homens vivendo na Terra como piolhos nas dobras de uma roupa. Certamente tinha grande respeito pelo homem como a mais inteligente de todas as criaturas, mas não considerava ímpar sua posição. Seus argumentos muitas vezes envolvem fatos estatísticos — ou pelo menos numéricos —, e ele conseguiu introduzir um sopro revigorante de lógica em uma época em que a magia e as crenças supersticiosas dominavam as mentes.

Wang atacou também aqueles que acreditavam que sinais do céu, como tempestades e fenômenos naturais, eram reprimendas enviadas pelos deuses. Dizia-se que, se o imperador e seus funcionários falhassem em seus deveres ou seguissem políticas erradas, o universo ficaria fora de equilíbrio, o céu denunciaria esse fato e até acontecimentos desastrosos ocorreriam. Na prática, logicamente, essa crença errônea, conhecida como fenomenalismo, estimulou o povo a observar o céu, mas os ataques de Wang a essa atitude eram necessários e oportunos. Mas ele não estava sozinho em suas críticas, e todo o movimento cético produziu alguns efeitos benéficos de longa duração. Nos anos seguintes, encorajou o interesse pela arqueologia e o desenvolvimento da crítica de textos, o que fez da China a criadora dessas ciências humanísticas. Assim, a tradição cética não era um movimento vazio e destrutivo, e levou os confucionistas a campos de estudo que, de outro modo, jamais poderiam ter conhecido. Deve-se admitir que não fomentou a ciência ou uma concepção científica e experimental do mundo — isso não combinaria, de qualquer maneira, com a ética confucionista —, mas deu origem a um grande e fundamental estudo da história, sem paralelo no mundo até os últimos dois séculos.

A China e o Ocidente

Sobre Aristóteles, ver volume I, página 114; sobre o equivalente chinês, ver página 18.

Nem sempre é fácil determinar a quantidade de conhecimento científico que foi transmitida do Ocidente para a China, e vice-versa, pois linhas de pesquisa e invenções independentes mas paralelas poderiam aparecer, e apareceram, em ambas as partes do mundo. Por exemplo, parece que a idéia de uma "escada de almas", que se encontraria em Aristóteles e Hsuan Tzu (Xuan Tzu), nasceu independentemente na Grécia e na China, pois, embora as idéias tenham aparecido com cem anos de diferença uma da outra, ocorreram em uma época em que as condições de viagem entre leste e oeste não eram propícias. Além disso, parece que todo o conceito — que constitui realmente uma expressão da complexidade das coisas vivas — poderia ocorrer muito naturalmente a uma pessoa preocupada em explicar e classificar o mundo da natureza. De qualquer maneira, a comunicação entre a China e o Ocidente não era tão rara quanto se poderia imaginar.

Já na Idade do Bronze (antes de 1500 a.C., isto é, antes da era Chang), houve contato em grande escala, como ficou provado pelas escavações arqueológicas, na forma de machados, espadas, armaduras e outros objetos de desenhos impressionantemente semelhantes. Há ainda uma quantidade de plantas supostamente dotadas de poderes místicos que aparecem nas crenças de povos tão distintos como os da China, da Gália e do México. É claro que as informações foram difundidas pelas migrações, pelas conquistas e, sobretudo, pelo comércio, que, com a China, foi estabelecido muito cedo, especialmente a exportação de seda para o Ocidente; de fato, a China foi conhecida, muitas vezes, como Seres ou Sina, nomes derivados do chinês *ssu (si),* que significa "seda".

O contato com a China podia ser feito, por terra ou por mar, através de rotas que passavam pela Índia; de fato, o primeiro conhecimento da China obtido pelos gregos aconteceu por meio da Índia, no século V a.C. O contato marítimo com a China propriamente dita pode ter tido início no século III d.C., e, certamente, não muito depois disso, navios chineses singraram os mares a caminho das Índias e talvez mais além. Maiores contatos foram feitos no século VIII, pelos árabes, os senhores dos mares de então, que no século IX estabeleceram suas próprias colônias de comércio em Cantão e Hangchow. No século XIII, o império dos mongóis facilitou o contato entre a China, a Ásia ocidental e mesmo a cristandade.

A CHINA E O OCIDENTE

Sobre o papel da Índia na difusão das idéias chinesas, ver páginas 72-80.

As rotas terrestres desenvolveram-se ao mesmo tempo que as marítimas. Por volta de 100 a.C., o comércio terrestre regular da seda foi estabelecido em certo número de rotas, seja para fora da China pelo noroeste e depois para oeste, por Tashkent e Samarcanda, ou de Lanchow para sudoeste, até Patna, e depois para noroeste, até Merv, que corresponde ao atual Turcomenistão, na URSS. Essa era a antiga Rota da Seda, que continuou em uso muito depois do século VI, quando o segredo da manufatura da seda foi roubado da China e levado para Bizâncio. Mas isso era de se esperar, pois a seda não era o único produto de exportação da China, e as rotas eram usadas por imigrantes da Síria romana e da Pérsia, para embaixadas e até para o transporte de prisioneiros de guerra. Em geral, contudo, os ocidentais parecem ter sido mais aventureiros que os chineses, e houve mais movimento do Ocidente para a China do que no sentido inverso.

Portanto, apesar do relativo isolamento da China, ela não ficou completamente livre das influências externas. Certamente, como vimos no esboço histórico, houve algumas épocas em que os estrangeiros eram bem-vindos; houve também períodos em que revoluções e guerras nos países da Ásia central, ou no Mediterrâneo e países árabes, constituíram um estorvo para as viagens. Mas, em geral, as informações se filtraram para fora da China, como o demonstra a adoção pelo Ocidente de algumas invenções chinesas. Se isso não aconteceu tão rapidamente com a ciência pura, era de se esperar; mas houve intercâmbio de idéias, como poderemos mostrar com uma descrição da ciência chinesa primitiva.

Matemática

Os gregos, como vimos no capítulo 2, tinham aptidão para a geometria. Os chineses, não; em vez disso, tinham uma queda pela álgebra e pelas formas de escrever números. A escrita dos números é mais importante do que pode parecer à primeira vista, pois, na verdade, é o modo de registrar operações matemáticas como a multiplicação e a divisão, para não citar tipos mais complexos de operações de matemática superior. Assim, na Europa do século XVIII, embora Isaac Newton e Wilhelm Leibniz tivessem inventado o cálculo independentemente um do outro, não foi na Inglaterra que se fez imediatamente um progresso subseqüente, mas, antes, na França e na Alemanha, primeiramente porque Leibniz escreveu as operações de modo mais explícito do que Newton. A escrita dos números propriamente ditos é da mesma forma importante para o progresso matemático. Qualquer um que duvide disso deveria dividir CXLIV por XXIV, usando sempre os números romanos; a natureza embaraçosa do empreendimento logo ficará óbvia!

O método chinês de escrever os números desenvolveu-se de modo gradual no correr dos séculos, naturalmente, mas já atingira alto grau de simplificação no século III a.C., quando foi usada a notação de valor-lugar. Quer tenhamos consciência disso ou não, a notação-lugar automaticamente nos ocorre hoje em dia quando escrevemos I, II, III, e assim por diante, usando os lugares dos números para designar dezenas, centenas, e assim por diante. Parece óbvio. Mas nem todas as civilizações pensaram assim. E a respeito dos numerais em si?

No século III a.C., estavam em uso formas de numerais que empregavam linhas retas. Isso seria mais bem facilmente compreendido como coleções de pequenas varetas, uma para o 1, duas para o 2, e assim por diante, e a mudança do traçado indicava as potências de 10. Assim, o número 11 236 apareceria em chinês como |—||≡⊤ . Notem que, enquanto o chinês é escrito de cima para baixo, seus números se escrevem como os nossos, horizontalmente. Os números aparentemente surgiram com o uso de placas de contagem. Trata-se de tábuas planas com linhas traçadas, sobre as quais se colocam pequenas varetas ou bastões. As varetas registram um número e, quando se realiza uma operação subseqüente, como soma, subtração, multiplicação ou divisão, as varetas apropriadas trocam de posição, são retiradas ou outras são adicionadas. É um sistema flexível, que, em mãos chinesas, permitiu desenvolvimentos consideráveis, não apenas em aritmética como também em álgebra. Não se sabe quando isso começou, mas as placas de contagem podem datar de 1000 a.C., e os numerais com varetas de contagem antes descritos podem ter estado em uso dois séculos depois.

O sinal para o zero — um lugar vazio na placa de contagem — veio depois. Foi impresso pela primeira vez somente no século XIII d.C., mas pode ter sido adotado cem anos antes. Sugeriu-se que tenha derivado da Índia, no século IX, embora pesquisas recentes tenham indicado que a situação pode não ter sido tão simples assim. Logo após 683 d.C., as primeiras inscrições que usavam zero apareceram simultaneamente no Camboja e em Sumatra, e, por várias razões, não é improvável que o zero tenha se originado não na Índia propriamente dita, mas em uma área situada no limite entre as culturas da Índia e do Extremo Oriente. Possivelmente, o espaço vazio da placa de contagem chinesa possa ter tido seu papel específico nisso, ao lado de idéias como o "vácuo" dos filósofos indianos e o "vazio" mencionado no misticismo taoísta.

Tipos de números

Na maior parte das civilizações, houve uma tendência a evitar frações, sempre que possível, mas isso nunca ocorreu na China, e, na época Han, os chineses se tornaram peritos em frações. Estavam também familiarizados com um sistema decimal que parece ter começado muito cedo, pois os rudimentos podem ser encontrados nos documentos moístas do século IV a.C. Em épocas ainda mais remotas, no tempo dos ossos-oráculos de Chang, os chineses eram capazes de expressar números muito grandes — coisa de que poucas civilizações podiam se orgulhar — e, por volta do século II d.C., estavam usando o que hoje chamamos de "potências de dez". Assim, 100 é 10^2, 1000 é 10^3, 10000 é 10^4, e assim por diante (o pequeno número elevado, ou "índice", indica o número de zeros, isto é, o número de vezes em que 10 é multiplicado por si mesmo). É evidente que os chineses não escreviam 10^4, mas tinham símbolos que expressavam a mesma idéia.

No Ocidente, sempre houve dificuldades quando se chegou aos *"surdis"* (palavra derivada do latim "estúpido"). Esses números estúpidos, ou irracionais, eram, como a raiz quadrada de 2, aqueles que não podiam ser expressos como a relação entre dois números inteiros, como uma fração do tipo 1/2 ou 3/4. A raiz quadrada de 2, expressa como decimal, é 1,4142136... mas essa incomensurabilidade parece não ter criado problema algum na mente dos chineses, enquanto para os gregos parecia realmente irracional, pois não se podia estabelecer uma relação direta com ela. Os chineses não tinham problemas quando se deparavam com números negativos; em suas pranchas de contagem, as varetas vermelhas representavam números positivos e as negras, números negativos — isso pelo menos desde o século II d.C. Na Índia, tais números não apareceram antes do século VII e, na Europa, não antes do século XVI.

Sobre a dificuldade sentida pelos pitagóricos em relação a esse aspecto, ver volume I, páginas 76-77.

Aritmética

Assim como praticavam os processos básicos de aritmética e estudavam quadrados, cubos e raízes, como já vimos, os chineses ficavam intrigados com as relações dos números em si. Nisso seguiam o padrão de muitas civilizações primitivas. Em um estágio muito antigo da história chinesa, os números ímpares eram julgados aziagos e os pares, afortunados. Estudaram-se padrões de pontos, como o foram na Grécia por Pitágoras e seus seguidores, para deduzir seqüências numéricas, e os chineses descobriram algumas relações desconhecidas dos gregos. Por exemplo, sabiam que a soma da seqüência de números ímpares é sempre um quadrado.

Os chineses também mostravam interesse pela "análise combinatória", o que revela sua curiosidade pelos "quadrados mágicos" — quadrados formados por compartimentos preenchidos com números cuja soma dá sempre o mesmo total, quer se tomem os números no sentido vertical, horizontal ou diagonal. O quadrado mágico poderia tornar-se elaborado — até se imaginaram quadrados tridimensionais —, mas, em sua forma mais simples, parece ter origem pelo menos no ano 100 a.C., ou ainda mais cedo, embora esse assunto não se tenha desenvolvido senão 1 400 anos depois.

Os chineses sempre foram peritos em encontrar auxílios para o cálculo. Como outras civilizações primitivas, contavam nos dedos e empregavam a mais complicada técnica de destinar números para as juntas dos dedos, tanto quanto para os dedos propriamente ditos. Usavam também um barbante com nós, semelhante ao *quipú* peruano, embora esse método fosse empregado mais para registros do que realmente para executar cálculos. Mas seu mais eficiente artifício de cálculo primitivo era a vara de contar. Parece ter sido usada desde cedo e era ideal para o cálculo semimecânico; há muitas lendas acerca do uso desse instrumento, como a que envolve o astrônomo do século XI, Wei Po, que, dizem, movia as varas tão rapidamente que elas pareciam estar voando. Mas, depois do período Ming, pouco se ouviu a respeito das varetas, pois elas cederam lugar ao ábaco, um instrumento bem mais eficiente.

O ábaco chinês é chamado tanto de *suan pan* (placa de cálculo) como *chu suan pan* (placa de bola); prancheta retangular provida de bolas introduzidas em arames, o ábaco é provavelmente conhecido da maioria dos leitores. A primeira referência a esse instrumento não apareceu antes do ano 1593 d.C.; por isso algumas vezes se pensou que fosse desconhecido na China até o século XVI. Contudo, alguns textos tornam claro que a referência de 1593 é tardia: admite-se que não se trata realmente do ábaco, mas de uma "aritmética de bola", tipo de cálculo executado em madeira escavada, provida de arames e bolas. Essa descrição aparece num livro datado do século VI d.C., e sua fonte de informação remonta ao final do século II d.C. Uma vez que há outras referências a descrições semelhantes, parece que o ábaco já era conhecido no século VI e possivelmente no século II d.C. Em outras civilizações primitivas, o "mecanismo" é formado por pedras que se deslocam dentro de ranhuras. O método das pedras pode muito bem ser originário da Índia, no século III ou IV d.C., como um aperfeiçoamento das antigas bandejas de areia ou pó empregadas no Mediterrâneo para realizar cálculos. Estas foram bem conhecidas dos gregos, dos egípcios e até mesmo dos babilônios.

Geometria

Embora os chineses não tenham sido geômetras — nunca desenvolveram uma geometria dedutiva como fizeram os gregos —, preocuparam-se com algumas questões geométricas. De fato, no século IV a.C., os moístas chegaram a dar algumas definições geométricas de pontos, linhas e certas figuras geométricas, quase na mesma época em que Euclides escrevia seus *Elementos,* em Alexandria. Mas esse foi um caso isolado. Os chineses nunca deram seqüência a esse trabalho, embora tenham desenvolvido sua própria teoria referente aos lados do triângulo retângulo, a qual era diferente da enunciada por Pitágoras. Por volta do século II d.C., os chineses haviam determinado as áreas de quase todas as figuras e os volumes de vários sólidos, provavelmente recorrendo a modelos reais como orientação, algo que os gregos, de mente filosófica, jamais pensariam em fazer.

Um problema básico enfrentado por todas as civilizações primitivas era a determinação da área do círculo, pois essa medida auxilia a solução de muitos outros problemas. Reduzido aos seus elementos básicos, o problema consiste em determinar quantas vezes o raio de um círculo pode ser contido dentro de sua circunferência. Essa razão é um número expresso pela letra grega pi (π). O valor real de π é 3,1415926536... Os egípcios não conseguiram obter um valor exato, nem os babilônios; os gregos concluíram que ele se situava entre 3,1408 e 3,1429, mas os chineses, finalmente, foram mais felizes. No século I d. C., esforçaram-se por obter um valor exato, calculando a área do maior polígono regular que eles conseguiam inscrever num círculo e do menor que podiam circunscrever. Quanto maior o número de lados dos polígonos, mais próximas suas áreas estariam uma da outra e mais próximas estariam do verdadeiro valor de π. Um grande passo foi dado no século V d.C., com os cálculos de Tsu Chung-Chih (Zu Chong-Zhi) e seu filho Tsu Keng-Chih (Zu Geng-Zhi), que finalmente obtiveram um valor situado entre 3,1415926 e 3,1415927, o qual foi verificado nove séculos depois por Chao Yu-Chin (Zhao Yu-Qin), que usou polígonos de até 16 382 lados para fazer essa verificação. No Ocidente, tal valor não foi obtido antes do século XVII.

Antes de encerrar o assunto "geometria", vale a pena notar que os chineses deram os primeiros passos no desenvolvimento da geometria de coordenadas, forma em que linhas e curvas são representadas por fórmulas algébricas. Os chineses criaram as coordenadas básicas, provavelmente derivadas de seu mapeamento e de sua compilação de tabelas históricas, nas quais as entradas eram feitas em um sistema de coordenadas, como em um mapa. Concluíram também que uma fórmula algébrica podia expressar uma razão geométrica de modo inigualável, apreciando isso porque era justamente o modo pelo qual resolviam problemas geométricos. Os chineses conseguiram isso no século II d.C., mas foi somente no século XVII que essa geometria de coordenadas foi desenvolvida no Ocidente, embora de uma forma bastante aperfeiçoada.

Sobre o cálculo de π por Arquimedes, ver volume I, página 119; e por Al-Kashi em Samarcanda, no princípio do século XV, ver página 106.

Álgebra

Hoje, quando falamos em álgebra, pensamos no uso de combinações de letras e números, de equações como $x^2 - 5x - 6 = 0$. Os chineses praticavam a álgebra desde os tempos mais antigos e registravam o resultado totalmente em palavras, embora essas palavras tivessem um significado específico em seu contexto matemático. Só raramente e muito mais tarde é que usaram símbolos matemáticos. Entretanto, também empregaram prancha de contagem para a álgebra, e, no período Sung, isso foi desenvolvido em um método de anotação tão completo que podia envolver equações de potência muito elevada — podiam resolver equações contendo x^9. No entanto, apesar desse extraordinário progresso — e não há dúvida de que foi o máximo da álgebra chinesa —, o trabalho não teve seqüência, pois os chineses não tinham uma teoria geral das equações, tal como foi desenvolvida no mundo ocidental, para conseguir solucioná-las.

A ausência de uma teoria algébrica entre os chineses, contudo, não lhes inibiu a habilidade de resolver grande número de problemas usando a álgebra. No período Han, eram capazes de resolver equações lineares simultâneas (equações com duas, três ou mais quantidades desconhecidas) e, mais tarde, no século IV d.C., até equações indeterminadas (que possuem mais incógnitas do que equações para resolvê-las diretamente). Equações quadráticas (equações com x^2) também podiam ser resolvidas desde cedo, e eles estavam igualmente cientes de algo que hoje chamamos de "método das diferenças finitas", o qual pode ser usado, como o era pelos chineses no século VII, para resolver problemas relacionados ao movimento aparente do Sol no céu. No século XIV, haviam desenvolvido esse método até um grau desconhecido na Europa de três ou quatro séculos depois.

Os algebristas chineses estudaram séries matemáticas (séries de números ligados um ao outro de maneira específica) e também investigaram formas matemáticas para expressar permutações e combinações de objetos. Além disso, ao resolver equações de potência muito elevada, fizeram uso do que hoje chamamos de "teorema binomial", que se refere a expressões de dois termos (binômios), como $(x + 1)$, que, se multiplicadas por si mesmas, dão como resultado uma série de termos. Com alguns exemplos, poderemos ver como isso acontece: $(x + 1)^2 = (x + 1)(x + 1) = x^2 + 2x + 1$ e $(x + 1)^3 = (x + 1)(x + 1)(x + 1) = x^3 + 3x^2 + 3x + 1$. Assim, torna-se claro que, quanto mais multiplicações (ou potências) tivermos, maior será o número de termos na série. Mas, se observarmos os números colocados à esquerda dos x (isto é, os coeficientes), poderemos ver que há um padrão entre eles. Os de potência 1 — isto é, $(x + 1)$ — são 1, 1; os de potência 2 — isto é, $(x + 1)^2$ — são 1, 2, 1; os de potência 3 — isto é, $(x + 1)^3$ — são 1, 3, 3, 1, e assim por diante. De fato, eles podem ser dispostos em forma de uma tabela:

potência 1					1		1				
potência 2				1		2		1			
potência 3			1		3		3		1		
potência 4		1		4		6		4		1	
potência 5	1		5		10		10		5		1
etc.											

Sobre Pascal, ver volume III, capítulo 8, "Desenvolvimentos em matemática".

Desde o século XVII d.C., esse arranjo numérico tem sido conhecido como "triângulo de Pascal", pois foi elaborado por Blaise Pascal, embora tenha aparecido um século antes num livro de Peter Apian. O triângulo é empregado na análise matemática das probabilidades: assim, a segunda fileira (potência 2) mostra o número total de maneiras ou permutações em que duas moedas podem cair numa superfície com a cara ou coroa voltadas para cima (há uma possibilidade de dar duas caras, duas de dar uma cara e uma coroa e uma de duas coroas); a terceira fileira (potência 3), o mesmo jogo de probabilidades, com três moedas, e assim por diante. Entretanto, o que nos interessa no momento é que os chineses conheciam isso pelo menos cinco séculos antes de Pascal, pois foi exposto pelo matemático Chia Hsien (Jia Xien), no período Sung, em 1100, e é provável que tenha aparecido pela primeira vez um pouco antes disso. Na China, porém, o triângulo de números aparece de lado, indício para os historiadores de que os avançados métodos algébricos Sung eram, de fato, originários do uso de varetas em uma placa de contagem.

Que conclusões podemos tirar da matemática chinesa? Primeiro, parece bastante claro que os chineses nunca elaboraram qualquer prova rígida, como fez Euclides em seus *Elementos,* possivelmente por não terem criado uma lógica formal, de acordo com regras estritas, como fez Aristóteles na Grécia; sua mente parece ter-se dirigido a outros objetivos. Na China, a matemática estava ligada à solução de problemas específicos — era utilitária. Os chineses nunca se ocuparam com a matemática por diletantismo. Isso não quer dizer que não tenham conseguido realizações nesse campo; certamente o fizeram. Extraíam raízes quadradas e cúbicas, lidavam com frações (escrevendo os números em colunas verticais, como o fazemos) e também com números negativos. Provaram as relações do triângulo retângulo e determinaram áreas e volumes de diversas figuras geométricas; descobriram uma forma de encontrar proporções (a "regra de três") e a "regra da falsa posição" para resolver equações; praticaram análise indeterminada, calcularam diferenças finitas e conheciam o que passou a ser chamado de triângulo de Pascal.

Ilustração à página 45

Astronomia

O céu era afetado pelo comportamento do homem, ou melhor, de seus governantes e sua administração — era essa a visão que os chineses tinham do cosmo como um organismo; o mal-estar ou o bem-estar de uma parte deve afetar o resto. Essa idéia do universo agia como estímulo para a construção de observatórios astronômicos e a observação do céu por astrônomos oficiais para registrar os fenômenos celestes. Mas havia outra razão que levava os chineses a se preocupar com a astronomia: a confecção de um calendário. A aceitação de um calendário oficial era considerada parte das obrigações daqueles que deviam obediência ao imperador. Mas, naturalmente, esse calendário devia ser razoavelmente correto; as datas deviam andar emparelhadas com as estações. Assim, por essas duas razões, a astronomia sempre foi uma ciência oficial — uma "ciência confucionista", como às vezes era chamada —, diferentemente da alquimia, por exemplo, que era uma ciência não-oficial ou "heterodoxa", com fortes influências taoístas.

A astronomia chinesa, de acordo com o relato de Matteo Ricci e seus colegas por volta de 1600, parecia, em geral, uma coisa pobre, muito inferior à ocidental, mesmo à astronomia ocidental de fins do século XVI. Mas isso se devia a uma série de mal-entendidos, os quais diziam respeito ao método de descrever as posições dos corpos no céu, que era diferente do empregado pelos astrônomos ocidentais. O fato de ele ser igualmente válido não parece ter moderado as opiniões dos jesuítas. Ironicamente, o sistema ocidental que Ricci via como o único correto já fora abandonado há muito tempo; na verdade, estava a caminho do abandono quando ele fez suas críticas. O sistema "chinês" foi adotado universalmente, embora, é preciso dizer, isso não tenha ocorrido porque a concepção chinesa tivesse sido importada pelo Ocidente — nunca o foi —, mas porque foi descoberta independentemente e provou ser superior para as observações de precisão.

A diferença entre os dois métodos pode ser captada com um simples diagrama. Imaginem-se as estrelas como se elas estivessem fixas no interior de uma esfera (esse ainda é o sistema mais conveniente para se lidar com os objetos ao se fazer medidas de posição, pois tais mensurações são sempre feitas em ângulos). Há duas formas de especificar sua posição. Uma delas consiste em medir a posição em relação ao trajeto aparente do Sol no céu, isto é, a eclíptica. A outra, especificar a posição em relação ao equador celeste (que é, realmente, o equador terrestre projetado na esfera celeste). Os dois círculos, o equador celeste e a eclíptica, cruzam em dois pontos (A e D na figura). Esses pontos, quando o Sol está no equador celeste, correspondem às épocas em que o dia e a noite têm a mesma duração — os equinócios —, o ponto em que o Sol se move para as regiões setentrionais da esfera celeste, constituindo o "equinócio da primavera". Suponhamos que queiramos determinar a posição de uma estrela em X. Podemos fazê-lo usando coordenadas baseadas na eclíptica, como Ptolomeu e os gregos faziam. Diremos, então, que X tem uma longitude celeste de tantos graus, medida a partir de A, ao longo da eclíptica, até C. A latitude celeste é, então, a distância de C a X. Outra alternativa é fazer a mensuração ao longo do equador celeste, de A a B, e então, para cima, de B a X. Isso é o que os astrônomos fazem hoje. Eles chamam a distância AB de "ascensão reta", não longitude celeste (embora CA seja o equivalente celeste da longitude terrestre), e a distância angular BX (equivalente à latitude terrestre) é conhecida como "declinação". Os chineses usavam esse método moderno, embora, em vez de especificar a declinação de uma estrela, usassem a "distância polar norte", isto é, a distância NX. Isso porque davam muito valor ao pólo celeste.

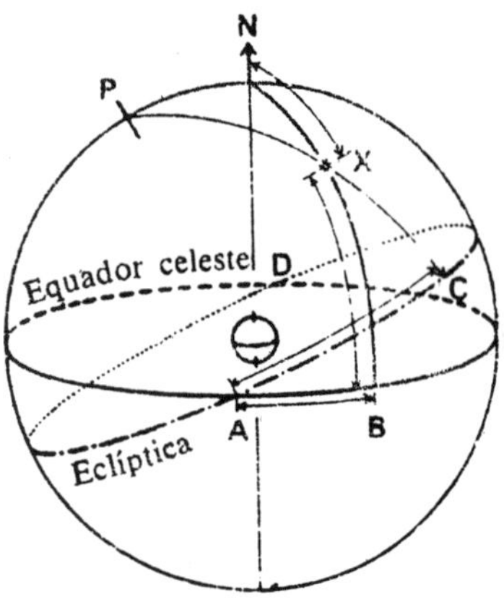

Métodos de descrição de um corpo celeste (X).

Para os chineses, o pólo norte celeste representava o imperador, colocado no centro de seu governo. Era o ponto central do céu, assim como o era o imperador em relação ao seu império. O pólo norte celeste, de fato, está sempre no céu de um país como a China, situado no hemisfério norte. Não pode ser visto durante o dia, certamente, mas lá está. Assim também as estrelas circumpolares. Elas nunca se põem; permanecem sempre acima do horizonte. Em face dessas considerações, o pólo norte do céu e as estrelas circumpolares assumem suprema importância, e isso realçava a maneira pela qual os chineses olhavam as constelações e o modo pelo qual se media a posição do Sol no céu.

Para determinar um calendário sazonal, o conhecimento da posição do Sol é fundamental, como tivemos oportunidade de ver no capítulo 1. E como vimos também, as antigas civilizações do Mediterrâneo determinavam a posição do Sol já observando nascentes e poentes helíacos, ao passo que os povos de latitudes mais setentrionais na Europa usavam o alinhamento de pedras. Mas há um terceiro método, muito diferente, de se determinar a posição do Sol entre as estrelas: a observação de estrelas que se tornam visíveis bem ao sul, à meia-noite, pois elas estarão diretamente opostas ao Sol no céu. Esse é o método adotado pelos chineses. Eles usavam um conjunto de 28 constelações, ou "mansões celestiais", pelas quais a Lua parece passar (a Lua e o Sol seguem quase o mesmo trajeto aparente no céu). Uma vez determinadas essas constelações, fixavam a ascensão reta do início de cada mansão com a estrela circumpolar particular que tivesse a mesma ascensão reta. Muitas vezes a estrela circumpolar era pouco brilhante, mas isso não importava; sempre podia ser observada em uma noite clara.

Como todas as antigas civilizações, os chineses também possuíam um calendário lunar, mas usavam um calendário solar para as estações. Por volta de 1400 a.C., sabiam que a duração do ano solar era de 365,25 dias e que uma lunação (período compreendido entre duas luas novas consecutivas) era de 29 1/2 dias. Usavam um ciclo de doze lunações (354 dias) e acrescentavam um mês extra de 29 ou 30 dias, de tempos em tempos, para que o ciclo se emparelhasse com as estações. Mais tarde, desenvolveram um ciclo de 19 anos (período algumas vezes conhecido no Ocidente como ciclo metoniano, pois foi desenvolvido em 430 a.C. pelo astrônomo grego Metão de Atenas, em conjunto com Eutemon, outro ateniense). Esse ciclo consiste em 235 lunações e dá um período de 12 anos de 12 meses lunares e 7 anos de 13 meses; depois desse período, os calendários solar e lunar praticamente coincidem (na verdade, apresentam apenas cinco dias de diferença, ou, colocado de outro modo, o erro médio é de apenas pouco mais de um quarto de dia por ano). Ao que tudo indica, os chineses conheciam esse ciclo um século antes de Metão apresentar seu trabalho. Esse método de 19 anos era superior ao primeiro e, de modo geral, o substituiu no século III a.C. Tais cálculos eram suplementados por um ciclo "meteorológico" de 24 pontos — "Início da Primavera", "Água da Chuva", "Insetos Excitados", "Equinócio Primaveril", e assim por diante; cada ponto significava um movimento do Sol próximo aos 14 graus de ascensão reta e pouco mais de 15 graus ao longo da eclíptica. Se um mês lunar deixava de conter um dos pontos meteorológicos — o que podia acontecer de tempos em tempos —, isso significava que se devia inserir um mês extra. Assim os chineses tinham um eficiente calendário lunissolar.

Além do calendário lunissolar, os chineses usavam também a simples contagem dos dias. Esse método não dependia do Sol nem da Lua, mas se baseava em uma combinação de 12 "ramos terrestres" e 10 "caules celestes" (sistema de predizer a sorte), que davam dois ciclos de 60 dias, e era usado desde a dinastia Chang. O ciclo podia ser dividido em 6 períodos de 10 dias, e a semana de 10 dias era comum na antiga China. A semana de 7 dias veio muito depois, sendo introduzida na China no período Sung, por volta de 1000 d.C., pelos persas e por mercadores da Ásia central.

Desde os tempos mais remotos, os chineses observavam e anotavam os movimentos dos planetas. Os planetas — Mercúrio, Vênus, Marte, Júpiter e Saturno (os únicos então conhecidos) — eram associados aos cinco elementos, mas os chineses nunca formularam qualquer teoria a respeito do movimento planetário, como fizeram os gregos. No entanto, mostraram um interesse particular por Júpiter, pois o período de revolução desse planeta em torno do Sol é de 11,86 anos, isto é, quase 12 anos, e isso parece ajustar-se muito com os 12 "ramos terrestres" cíclicos e também com o número (12) de lunações em um ano. Outros ciclos foram reconhecidos, como aconteceu com outras civilizações, e quase todas elas ficavam fascinadas com o período de 12 anos de Júpiter. O maior ciclo chinês, a "Suprema Grande Origem Derradeira", combinava todos os outros, e somava não menos que 23 639 040 anos; era o período depois do qual todas as variações das posições relativas de todos os objetos celestes se repetiriam.

Registro de observações do céu

Além das observações dos planetas, os chineses identificaram e registraram vários fenômenos astronômicos. Hoje, suas observações são de grande valia na análise de eventos cíclicos, como eclipses, aparições de cometas ou acontecimentos ainda mais raros, como explosão de estrelas. Desde tempos imemoriais, os eclipses do Sol eram considerados de grande significação, e os registros de eclipses pelos chineses datam de 720 a.C., cerca de trezentos anos antes da compilação realizada por Ptolomeu no *Almagesto;* são anotações seguras, ricas em detalhes. No entanto, uma vez que interpretavam os eclipses como uma advertência do céu aos maus governos, os fenômenos ocorridos durante reinados populares tendiam a não ser registrados, o que explica por que os registros astronômicos eram considerados segredos de Estado.

Se, por um lado, os chineses se sentiam inibidos em registrar os eclipses ocorridos durante os reinados populares, por outro, não se constrangiam em observar e registrar qualquer instabilidade ou variação que pudessem ocorrer no céu, como acontecia no Ocidente. Assim, os chineses observaram e registraram as manchas solares, as quais nunca foram descritas na Europa, até o século XVII, devido à crença de que os corpos celestes eram perfeitos, e essa perfeição não admitia a aparição de manchas no Sol. Os registros das manchas solares feitos pelos chineses, iniciados em 28 a.C., são os mais completos de que dispomos.

Outro exemplo da falta de inibição dos chineses na observação, em comparação com o Ocidente, é o caso das novas e supernovas. Hoje sabemos que são estrelas que explodem, aumentando sua luminosidade e criando extensas camadas de gás quente. Assim, elas podem ser localizadas onde nenhuma estrela havia sido observada antes, pois, certamente, sua luminosidade era insuficiente para chamar a atenção dos astrônomos — daí a denominação *novas.* Após a metade do período Han, os chineses passaram a usar apropriadamente o termo *"ko sihng" (ge xing),* ou seja, "estrela hóspede". No Ocidente, não se admitia a existência de tais estrelas, pelo menos oficialmente, pois considerava-se o céu perfeito e completo; a aparição de novas estrelas era teoricamente impossível. As explosões catastróficas — as supernovas — são raras, mas relatos chineses registram ocorrências em 1006, 1054, 1572 e 1604. As duas últimas ocorreram depois que a crença européia num cosmo perfeito e imutável havia desaparecido, e foram registradas tanto no Ocidente como no Oriente. Alguns relatos ocidentais mencionam a supernova de 1006, pois ela era tão espetacular que chegaram a confundi-la com um cometa; essa interpretação acalmaria as consciências, pois, de acordo com a concepção que dominava na época, os cometas podiam aparecer de repente, como se fossem vapores flamejantes na alta atmosfera, alguma coisa "abaixo da esfera da Lua" e, portanto, transitória. Contudo, ao que tudo indica, a explosão da supernova de 1054 foi registrada apenas na China e no Japão. Seus remanescentes, visíveis ainda hoje, mais de nove séculos depois da explosão, são conhecidos pelos astrônomos modernos como a nebulosa de Câncer e despertam intensivos estudos; por isso, os registros chineses são valiosos. Mas os chineses não limitaram sua atenção às supernovas; as novas menos excitantes e perceptíveis, que são muito mais obscuras do que as supernovas, também mereceram a atenção deles. De fato, os chineses observaram e anotaram detalhes de nada menos de 75 estrelas hóspedes entre 352 a.C. e 1604 d.C.

Os chineses dedicavam todo o cuidado na observação de cometas, onde quer que aparecessem, e isso constitui um dado muito importante, pois os relatos realizados por outras civilizações apresentam muitas falhas. O registro chinês cobre aparições de cometas entre 613 a.C. e 1621 d.C., um período superior a 22 séculos. Os relatos sobre o cometa Halley são os mais importantes (sendo bastante freqüentes e muito impressionantes), e constituem fontes de consulta inestimáveis para os astrônomos modernos que desejam traçar os movimentos mais antigos desse cometa. Além disso, a astronomia moderna provou haver uma ligação entre os cometas e as "estrelas cadentes" (meteoros), que aparecem por apenas uma fração de segundo, mais ou menos, quando cintilam numa noite escura. São corpos espaciais compostos de rocha e metal situados fora da atmosfera; quando penetram na atmosfera, seu atrito com essa camada gasosa produz um intenso aquecimento e em geral eles se desintegram durante o processo. Algumas vezes, no entanto, esses corpos são muito grandes e suficientemente resistentes para não se desintegrar com o atrito, e acabam atingindo a superfície terrestre: são então conhecidos como meteoritos. Antigos registros de tais quedas são importantes; felizmente, os dos chineses foram preservados. Quando possível, os me-

Sobre o cometa Halley, ver volume III, "Séculos XVII e XVIII".

teoritos eram examinados, com rigor científico, muito antes de essa prática ser empregada no Ocidente. Chuvas periódicas de meteoros também foram registradas na China.

Mapeamento do céu

Pelo que já dissemos, não será surpresa saber que os chineses parecem ter sido os primeiros na compilação de catálogos sistemáticos de estrelas. Já no século IV a.C., três astrônomos — Shih Shen, Kan Te (Gan De) e Wu Hsien (Wu Xien) — coligiram catálogos tão detalhados que foram usados mil anos depois. No Ocidente, o primeiro catálogo foi confeccionado no século II a.C. Os três catálogos chineses foram usados independentemente durante longo tempo, mas foram reunidos no século IV d.C., quando Chen Cho (Zhuo) elaborou um mapa estelar baseado neles. A composição de mapas estelares teve início, de fato, um século antes, embora isso não signifique que já nessa época se delineassem as constelações: um exemplo disso são os relevos do período Han. Foram os chineses também que criaram o método "bola e traço" para elaborar as configurações das constelações, ainda em uso hoje em atlas celestes populares.

Um dos mais admiráveis mapas estelares primitivos apareceu no ano 940 d.C. Baseado no mapa de Chien Lo-Chih (Qian Lo-Zhih), o "astrônomo real" chinês do século V d.C., a particularidade digna de admiração não é a sua minúcia — esta já era disponível havia vários séculos —, nem sua elaboração em três cores, para diferenciar as estrelas dos catálogos dos astrônomos Shih Shen, Kan Te e Wu Hsien, mas seu método para mapear as estrelas. Sempre constituiu um grande problema representar corretamente as estrelas em uma superfície plana, de vez que elas são observadas dentro de uma esfera — equivale a tentar representar a superfície da Terra em um plano. Há várias maneiras de resolver essa dificuldade, várias formas de "projeção", como Ptolomeu sabia e explicou no século II d.C. O que surpreendeu no Tunhuang (mapa estelar de Chien Lo-Chih) foi a forma de projeção: uma projeção Mercator. Esse sistema é amplamente empregado hoje em dia em mapas e atlas; foi criado em 1569 d.C. pelo matemático e cartógrafo flamengo Gerhardus Mercator, seis séculos após o aparecimento do mapa estelar Tunhuang. Não se sabe se Mercator conhecia esse trabalho chinês — depois de 940, decerto essa projeção foi amplamente usada na China —, mas o Ocidente, definitivamente, não tem prioridade nesse assunto, como já se imaginou.

Ilustração à página 42

O mapeamento do céu também foi executado em globos e planisférios. Um planisfério é uma carta circular, ou quase circular, com o pólo celeste no centro; trata-se da visão do globo celeste como se o observador estivesse suspenso sobre o pólo, o que dá uma projeção diferente da de Mercator. Os chineses conheciam também essa projeção, e seu planisfério mais importante apareceu no século XII, esculpido em pedra; mostrava o pólo, a eclíptica, o equador e as mansões celestiais, e também uma "estrada branca" da Lua, além de fornecer informações corretas sobre os eclipses do Sol e da Lua. As verdadeiras causas dos eclipses — o eclipse solar ocorre quando a

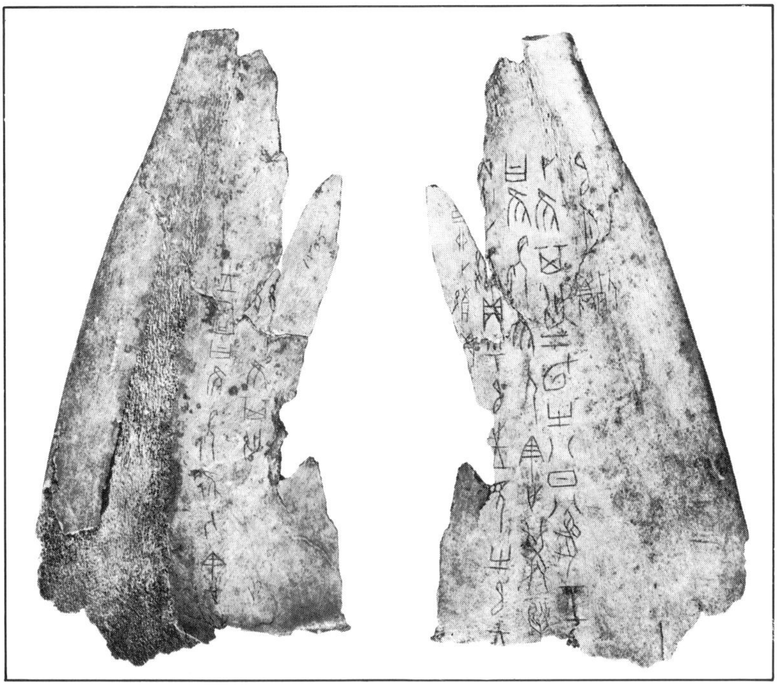

À esquerda. Osso-oráculo chinês da dinastia Chang, proveniente de An-iang com inscrições de pedidos de orientação aos espíritos; segundo milênio antes de Cristo. Museu Real de Ontário, Toronto.

Abaixo. Trecho da Grande Muralha da China, construída nos séculos III e IV a.C.

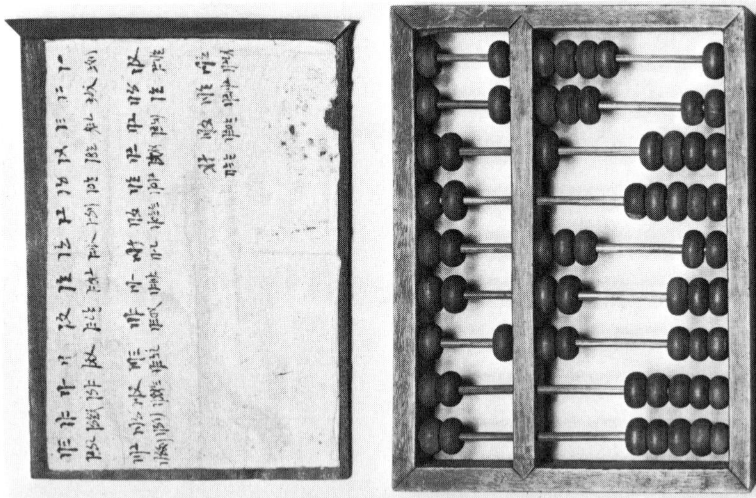

À direita. Ábaco chinês. Museu da Ciência, Londres.

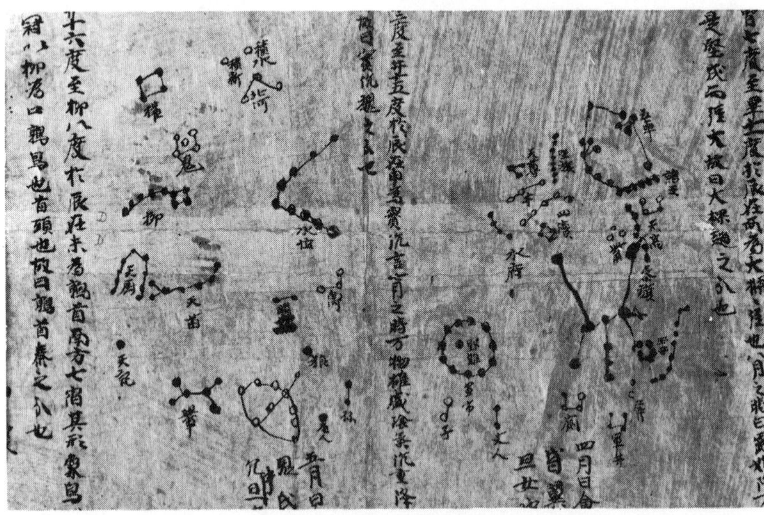

À direita. Mapa estelar manuscrito Tunhuang, de 940 d.C., que usa uma projeção Mercator. À esquerda estão as constelações do Cão Menor, do Câncer e da Hidra; à direita, as do Cão Maior, de Órion e da Lebre. Biblioteca Britânica, Londres.

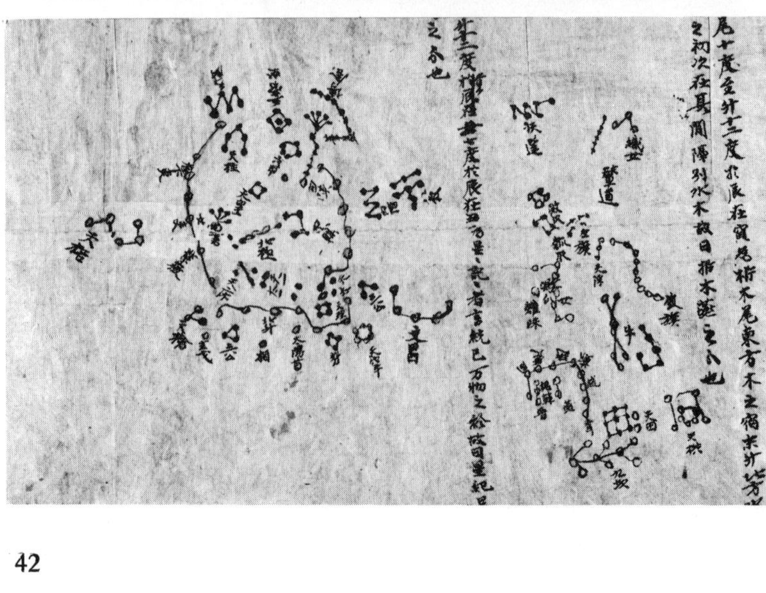

À direita. Mapa estelar manuscrito Tunhuang, mostrando, à esquerda, as estrelas circumpolares e nossas constelações, a Ursa Maior, e, à direita, Sagitário e Capricórnio. Biblioteca Britânica, Londres.

À esquerda. Esfera armilar equatorial do antigo observatório de Pequim, de 1279. Um tubo para visão era originalmente colocado entre os dois anéis do círculo de declinação. Hoje ela se encontra no observatório da montanha Roxa, Nanquim.

À esquerda e abaixo. O armilar abreviado de Nanquim, datando do fim do século XIII. Separando-se a ascensão reta dos círculos de declinação, era mais conveniente para a observação que uma esfera armilar convencional.

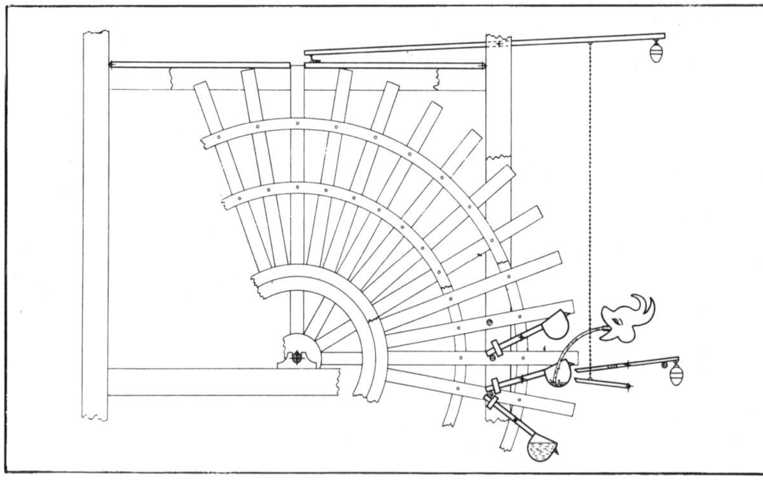

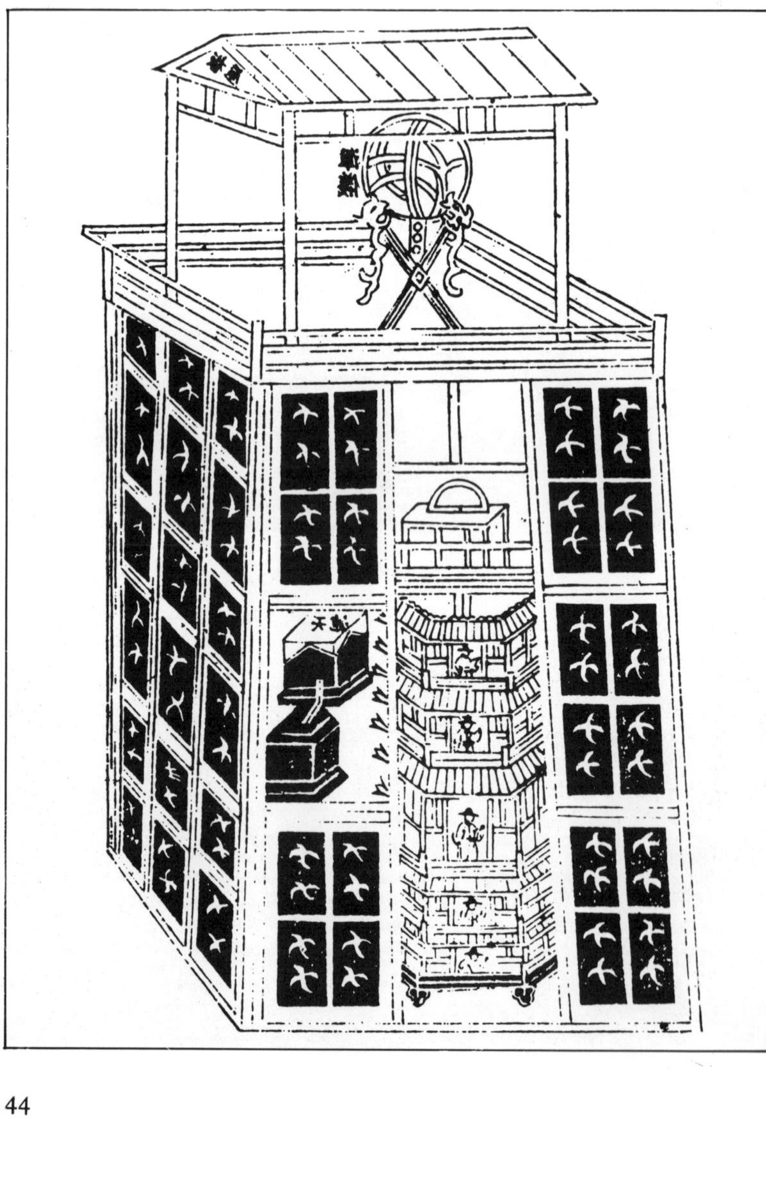

À direita. Torre do relógio astronômico construída em Kai-fong, por volta de 1090 d.C. Há uma esfera armilar em cima, e as figuras humanas abaixo dela indicam o tempo e as estações. As caixas à direita delas constituem o sistema de sifão para suprir de água o maquinismo. *Acima.* Diagrama de seu escapo, o primeiro para um relógio. A cabeça de dragão (à direita) é alimentada por um suprimento de água constante.

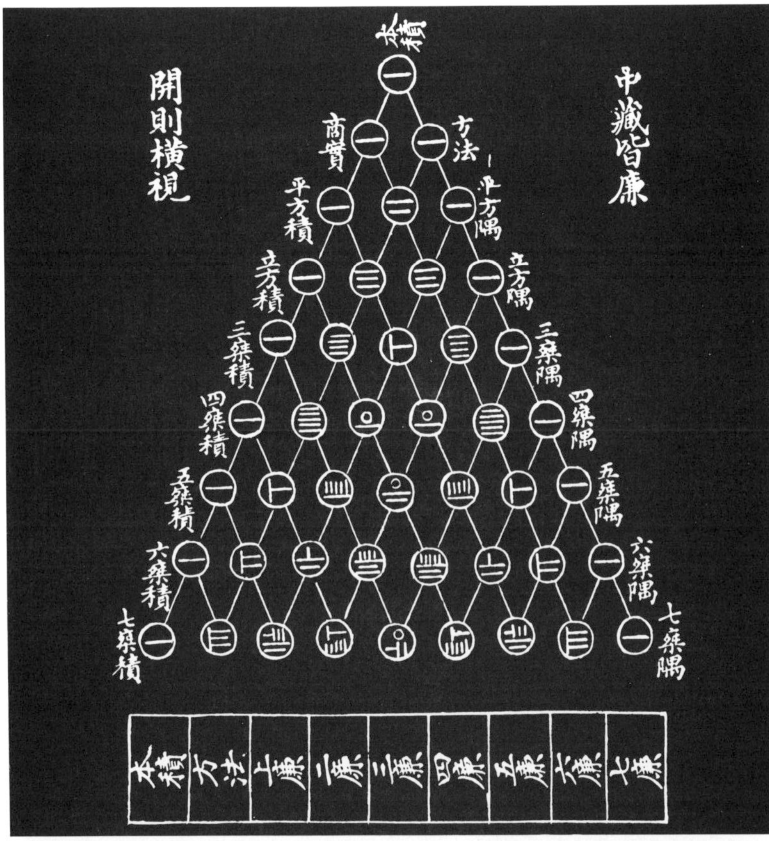

À esquerda. "Triângulo de Pascal" tal como apresentado por Chu Shih-Chieh, em *Espelho precioso dos quatro elementos,* 1303 d.C.

À esquerda. Parte posterior de um espelho de bronze do século VIII d.C., mostrando a Terra, os quatro pontos cardeais e os cinco elementos, assim como o oceano primordial. Museu de Arte de Seattle, Washington, coleção Eugene Fuller Memorial.

À direita. Mapa quadriculado esquemático de 1329 d.C., extraído da *História das instituições da dinastia Yuan.* Mostra o noroeste da China, com o norte no canto direito, embaixo.

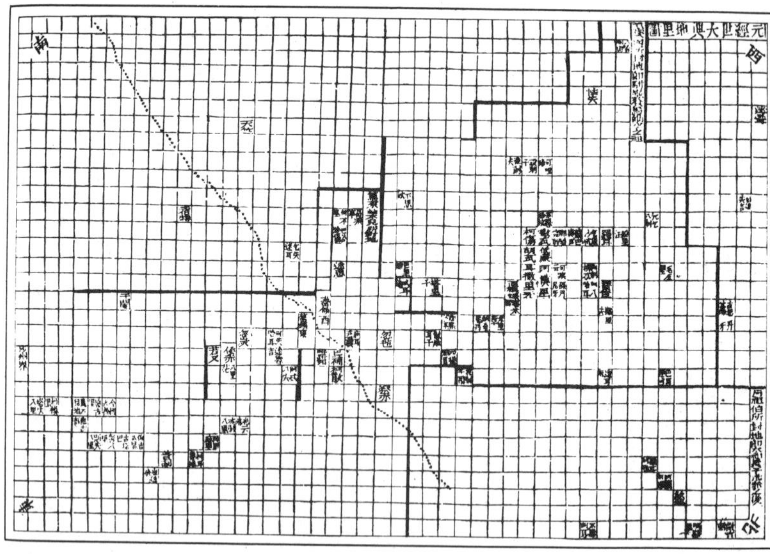

À direita. Jarro mortuário da dinastia Han (cerca de 200 a.C.—200 d.C.), com a representação de montanhas na tampa. Era provavelmente o precursor do mapa em relevo. Museum of Fine Arts, Boston, Massachusetts.

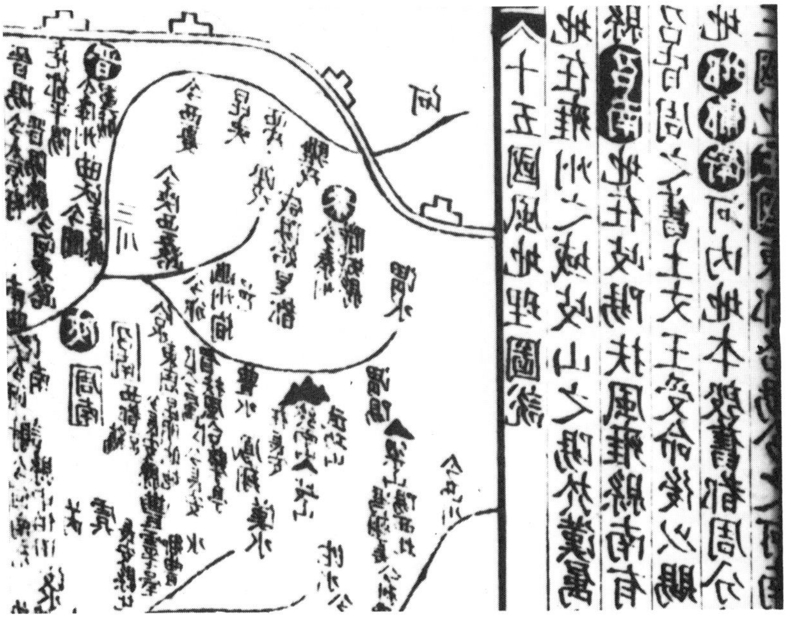

À esquerda. O mais antigo mapa impresso do mundo, produzido em 1155 d.C. e que mostra a região oeste da China. De *Ilustrações de objetos mencionadas nos Seis Clássicos.*

À esquerda. Reconstrução do sismógrafo de Chang Heng (século VII d.C.).

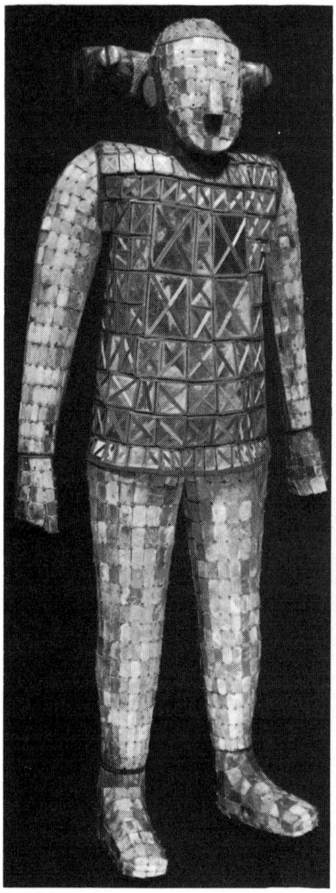

Acima. Traje funeral de jade, da dinastia Han ocidental, século II a.C. Este era um dos muitos métodos usados pelos taoístas para se obter a imortalidade física.

Acima, à direita. Sino de mão de bronze, possivelmente do século VI a.C. Danske Kunstindustrimuseum, Copenhague.

À direita. Gravura do período Ming de uma das Cinco Montanhas Sagradas; essa obra revela o interesse mostrado pelos chineses em formações geológicas.

Lua se interpõe entre o Sol e a Terra, e o eclipse lunar, quando a Lua passa pelo cone de sombra da Terra — eram conhecidas por alguns chineses um milênio antes da elaboração do planisfério de pedra, embora, por algum tempo, alguns filósofos chineses continuassem a preferir uma explicação segundo a qual esses fenômenos dependiam do crescimento e da diminuição das duas forças, Yin e Yang.

Um globo celeste em que se representavam as estrelas é um dispositivo antigo: era conhecido pelos gregos e pode até ser originário da Babilônia. Um globo sólido, com as estrelas nele desenhadas, seria encontrado na China no século V d.C., ao tempo de Chien Lo-Chih. Talvez sua concepção seja anterior a essa época, embora os chineses tenham pensado que uma esfera armilar seria suficiente para atender às suas necessidades. Uma esfera armilar consiste numa reunião de anéis (do latim *armillae),* cada qual representando um círculo da esfera celeste, tal como a eclíptica, o equador, e assim por diante; a Terra é considerada o centro do sistema. Em suma, é um esqueleto do globo celeste. Se se graduarem os anéis e se montar uma barra com visores, fixa em um anel móvel, o instrumento pode ser usado para medir posições.

Ilustração à página 43

Instrumentos de observação

Os chineses usavam uma ampla variedade de instrumentos de observação, alguns semelhantes aos empregados por outras civilizações, como o gnômon (haste vertical) e a esfera armilar. Mais tarde, orientados pelos árabes, construíram grandes instrumentos astronômicos em alvenaria. Assim, em Kao-cheng (Gao-cheng), na província de Honan, encontra-se a "Torre Chou (Zhou) Kung para se medir a altura do Sol"; trata-se de uma torre de cerca de 12 metros de altura, dotada de uma escala horizontal em alvenaria de mais de 36 metros de comprimento, sobre a qual um gnômon de 12 metros lançava uma sombra. Construída em 1276 d.C., foi restaurada durante o período Ming. Mas nem todos os instrumentos chineses eram cópias de aparelhos criados por outras civilizações. Eles próprios desenvolveram inúmeros instrumentos. Um dos mais antigos era o medidor da sombra do gnômon, peça graduada padrão de jade ou terracota, para se colocar sobre a sombra de um gnômon; essa peça deve datar do século II d.C. Outro era o "medidor de constelação circumpolar", derivado do disco de jade, com um furo central (o *pi),* aparelho que podia ser usado para encontrar o pólo celeste, bem como identificar algumas das estrelas localizadas próximo a esse ponto. Podia igualmente indicar os ângulos em que essas estrelas apareciam, funcionando, assim, como um instrumento que servisse de referência a elas em relação às suas "mansões celestes" através das observações das estrelas circumpolares. Esses medidores existiam pelo menos desde o ano 600 e, possivelmente, 1000 a.C.

Os chineses se preocupavam também com a medição do tempo — importante acessório da astronomia — e aperfeiçoaram a clepsidra, o relógio de água. A clepsidra não era uma invenção chinesa —

suas origens remontam à Mesopotâmia e ao Egito —, mas os chineses a transformaram num instrumento de maior precisão. Dotaram seus tanques de água de sifões ou empregaram vários tanques, um alimentando o outro, ou ainda recorreram aos dois métodos num mesmo relógio para garantir um fluxo regular de água a qualquer tempo. Criaram também uma clepsidra do tipo "balança romana", com o auxílio de recipientes para água pendurados nos braços de uma balança apoiados próximo a uma das extremidades (uma balança romana) e, para medir curtos períodos de tempo, construíram pequenas balanças de jade e substituíram a água por mercúrio. Mas sua criação mais significativa foi uma clepsidra mecânica dotada de um "escapo". O escapo — mecanismo que permite que a rotação de um eixo ocorra apenas a intervalos regulares, possibilitando que uma série de engrenagens "escape", apenas um dente de cada vez — é a peça vital dos relógios mecânicos. Foi projetado pela primeira vez pelo monge e astrônomo budista chinês I-Hsing (I-Xing) e pelo engenheiro Liang Ling-Tsan (Liang Ling-Zan), por volta de 723 d.C. Na China, sua aplicação astronômica mais notável ocorreu no século XI com o astrônomo Su Sung, que construiu uma grande "torre-relógio" em Kaifong. Esta marcava o tempo e — muito mais importante em termos astronômicos — tinha no topo uma esfera armilar acionada pelo escapo do relógio de água, de modo que seguia o movimento aparente do Sol e das estrelas no céu. No entanto, a torre-relógio de Su não foi a primeira estrutura a ser equipada com uma esfera armilar acionada por um relógio. Já no século VIII, Chang Heng (Zhang Heng) havia aplicado o escapo de I-Hsing e Liang Ling-Tsan com o mesmo objetivo. Ao que parece, a idéia não era facilitar a observação ao se criar um instrumento que poderia retratar automaticamente a rotação diária da abóbada celeste, mas antes criar um padrão para se aferir a rotação real (observada em outra esfera armilar). Dessa forma, podiam-se observar facilmente as discrepâncias que ocorressem no céu, as quais o astrônomo tinha obrigação de registrar. Em tudo isso os chineses anteciparam-se ao Ocidente: os relógios mecânicos não chegaram à Europa antes do início do século XIV, setecentos anos depois da invenção do escapo na China, enquanto os instrumentos de observação com acionamento mecânico não foram produzidos no Ocidente antes do século XVIII.

Ilustração à página 44

O interesse dos chineses pelas coordenadas baseadas no equador celeste, em detrimento da eclíptica, como se usava no Ocidente, teve dois efeitos. Por um lado, significava que as esferas armilares chinesas eram, muitas vezes, mais simples que as do Ocidente, pois não tinham um anel para representar a eclíptica; e, mais importante, levou-os a imaginar a "montagem equatorial". Quando se olha o céu, ele parece girar em torno do pólo, mas, uma vez que o pólo nunca está acima da cabeça (a não ser que as observações sejam feitas em um dos pólos terrestres), todos os corpos celestes parecem descrever uma trajetória curva através do céu. Para acompanhar esse movimento com um instrumento de observação — um astrolábio, por exemplo —, o observador deve girá-lo em duas direções, uma para o lado, paralela ao horizonte, e a outra em linha reta, para cima ou para baixo. O que os chineses verificaram, em algum momento do século XIII d.C., foi que, caso se inclinasse o eixo do instrumento para o lado, até que ficasse alinhado com o pólo celeste, só seria necessário um movimento para acompanhar o movimento diário das estrelas. Tal instrumento, montado "equatorialmente", é o "*torquetum* equatorial" de Kuo Shou-Ching (Guo Shou-Zhing), de 1270 d.C. Embora a montagem equatorial seja usada hoje nos maiores telescópios do Ocidente, ela não chegou senão na última parte do século XVI, para um instrumento armilar, trezentos anos depois de seu aparecimento na China.

ASTRONOMIA

Ilustração à página 43

Teorias do universo

Antes de deixarmos a astronomia primitiva chinesa, é importante considerar seus pontos de vista sobre o universo como um todo. Havia três teorias principais, das quais a primeira e mais antiga parece ter sido herdada da Babilônia. Foi chamada de teoria de Kai Tien (Gai Tian), ou da "cúpula hemisférica", e era exatamente o que o nome indica: uma cúpula para o céu, com a Terra sob ela, cercada por um oceano circular. A segunda idéia, a teoria de Hun Tien (Hun Tian), ou da "esfera celeste", embora posterior, foi contudo conhecida desde o século IV a.C. Um passo adiante em relação ao conceito da cúpula hemisférica era perfeito como descrição de como o universo aparece; a ela estava associada a idéia de que a própria Terra era uma esfera.

A terceira idéia chinesa, a teoria de Hsuan Yeh (Xuan Ye), ou do "infinito espaço vazio", era a mais avançada e imaginosa. É associada a Chi Meng, que viveu em algum período durante a última dinastia Han (25 a 220 d.C.). Segundo esse ponto de vista, o céu era vazio e sem substância... não tendo fronteiras. O Sol, a Lua e as estrelas flutuavam livremente no espaço. O que os fazia mover-se em suas trajetórias? Para responder a essa pergunta os chineses recorreram ao conceito de "vento forte", algo derivado dos conceitos taoístas e possivelmente originado das poderosas rajadas de ar dos foles usados nas fundições. Em todo caso, toda essa teoria constituía uma idéia totalmente nova. De fato, um universo infinito e vazio, com corpos flutuando nesse espaço, dirigidos por fortes ventos ou não, era um conceito muito avançado, e não só por coincidir com muitos dos pontos de vista atuais sobre o universo, mas por ser menos restritivo que o único outro conceito da época, a rígida crença grega nas esferas sólidas. Era uma grandiosa visão do cosmo, e encorajou os chineses a desenvolver uma perspectiva mais ampla da natureza como um todo.

Ciências terrestres

As ciências terrestres (geologia, geofísica, meteorologia, oceanografia) são todas estudos recentes, e não aparecem antes do século

XVIII. A geografia é certamente mais antiga, foi praticada pelos gregos, embora, realmente, mais como arte do que como ciência. No entanto, é interessante notar que os chineses foram capazes de infundir um caráter científico a esses assuntos, muito antes dos tempos modernos.

Mapeamento

Em geografia, essa concepção racional dos chineses se revelou no modo pelo qual enfrentaram o problema de mapear a Terra. No Ocidente, houve um hiato entre o tempo de Ptolomeu e cerca de 1400 d.C., intervalo em que o mapeamento europeu sofreu um eclipse quase completo. Os mapas do mundo tornaram-se veículo de idéias religiosas, apresentavam pouca semelhança com o mundo real, ao passo que na China levava-se adiante uma tradição de mapeamento científico. No período Han, cerca de 100 d.C., Chang Heng (Zhang Heng) introduziu um sistema de grade — sistema de linhas formando ângulos retos umas com as outras — para especificar as posições geográficas de pontos importantes, e no período Tang, o crescimento do império foi concomitante a uma extensão do mapeamento preciso dentro de fronteiras mais amplas. Durante o reinado Sung, o mapeamento continuou florescendo, e produziram-se dois mapas magníficos no século XII. Ambos eram esculpidos em pedra — um deles com um quadriculado preciso — e eram tão exatos que podem ser comparados aos modernos mapas. É interessante notar que o norte estava na parte superior, convenção universalmente aceita hoje em dia, mas singular naquele tempo. O cartógrafo chinês foi Chu Ssu-Pen (Zhu Si-Ben), que trabalhou durante a dinastia mongol. Ele não somente fez mapas magníficos e precisos como também alertou para o perigo de inserir países dos quais não havia provas detalhadas disponíveis, conselho que não foi universalmente aceito, mesmo na China. É também aos chineses que se devem os primeiros mapas em relevo. No período Sung, eram feitos de madeira, mas pareciam ter tido origem muito antes do século X. Foram usados para fins militares no período Han, durante o século I d.C., mas desconhece-se sua finalidade original. Modelos em relevo de estatísticas populacionais eram usados desde tempos remotos na China, e havia também "incensórios com colinas" — instrumentos feitos para queimar incenso, com a forma de montanhas sagradas — no século I a.C., os quais tinham relação com o budismo e, provavelmente, com o taoísmo; talvez tenham sido os precursores de mapas posteriores.

Ilustrações à página 147 e no volume III, capítulo 7.

Ilustração à página 46

Ilustração à página 46

Meteorologia e marés

O interesse dos chineses pela natureza física do mundo e por aquilo que o circundava estimulou-os a fazer estudos tanto sobre o tempo como sobre o comportamento das marés. O tempo, certamente, dependia do comportamento do céu e da conduta do governo; afinal, os fenômenos meteorológicos ocorrem, sem dúvida, no céu, acima da Terra. Essa relação, assim como a administração do Estado, que estava subordinada às condições do tempo especiais e desastrosas, como cheias, nevascas, secas e assim por diante, levou os chineses a criar um amplo sistema de registros meteorológicos. Assim, embora a predição do tempo na China, bem como em todos os lugares do mundo antigo e medieval, nunca tenha passado além do estágio do conhecimento do tempo disseminado entre os camponeses, seus registros merecem uma atenção à parte. A temperatura foi regularmente registrada, ao menos no período Han — não segundo uma escala termométrica, logicamente, pois essa só viria a aparecer no século XVII, mas verões excessivamente quentes e invernos frios eram anotados e forneceram registros úteis para os modernos meteorologistas. Chuvas e ventos eram também registrados no período Chang, e existem registros desde 1216 a.C. que fornecem informações sobre chuva, granizo, neve e vento, com detalhes da quantidade de chuvas e da direção dos ventos. Usavam-se medidores de neve — grandes gaiolas de bambu colocadas ao lado de desfiladeiros e no alto de montanhas; os funcionários deviam fazer relatórios ao governo central para ajudar a calcular os reparos e trabalhos de manutenção de diques e outras obras públicas que se faziam necessários.

A avaliação da umidade não foi esquecida: o primeiro higrômetro, instrumento que mede o grau de umidade do ar, foi inventado no século II a.C.; media o carvão seco e úmido e depois fazia-se a comparação dos resultados. Como se podia prever, o trovão e o relâmpago eram interpretados em termos de Yin e Yang, numa época em que não era possível uma explicação científica, mas o pensamento racional chinês do fim do século IV a.C. estava bem ciente do ciclo das águas. A idéia de que a chuva cai, evapora-se para formar as nuvens e retorna sob a forma de chuva era também conhecida na Grécia, no século VI a.C., e assim, talvez, esse tenha sido um caso de transmissão de idéias, embora as dificuldades de difundir informações naquela época tornem isso pouco provável.

Muitos outros fenômenos meteorológicos, ou aparentemente meteorológicos, foram observados e registrados pelos chineses. Arco-íris e halos ao redor da Lua foram notados, assim como halos e falsos sóis — muito mais pitorescos — que muitas vezes são vistos perto ou em torno do Sol. Estes últimos foram observados um milênio antes do primeiro registro conhecido na Europa. E também as auroras boreais foram devidamente notadas e registradas desde o século III a.C.

Mas o fenômeno pelo qual os chineses parecem ter mostrado o maior interesse foi o movimento das marés. O que, sem dúvida, chamou particularmente a atenção para esse assunto foi a considerável amplitude das marés que ocorrem na China; há uma amplitude de cerca de 3 metros na desembocadura do Yang-tsé, na primavera, ao passo que o rio Chien-Tang (Qian-Tang) apresenta, próximo a Hang-Chow, uma pororoca sem igual em qualquer outra parte, exceto no Amazonas. Cerca do século II a.C., já havia uma noção de que a ocorrência de marés altas estava diretamente relacionada com a lua cheia, mas não foi senão dois séculos depois que se verificou que a Lua realmente influenciava o movimento das águas. No século XI, percebeu-se que o Sol também desempenhava um papel

Para um estudo antigo do mesmo fenômeno na Europa, ver página 137.

nesse fenômeno, enquanto, pouco após essa verificação, o engenheiro e astrônomo Shen Kua reconhecia o que chamamos de "estabelecimento do porto", que é o retardo da maré alta devido às irregularidades da linha da costa.

As idéias dos chineses sobre as marés devem ser vistas em perspectiva. Por volta de 200 a.C., o filósofo grego Antígono de Caristo sugerira que a Lua exercia a principal influência sobre as marés, e estudos gregos a respeito desses fenômenos eram anteriores aos dos chineses. Mas a Europa não desenvolveu essa teoria, e o reconhecimento do estabelecimento do porto só aconteceu um século depois de haver surgido na China. No Ocidente, a influência da Lua nas marés não foi completamente aceita até quinhentos anos depois disso. No entanto, se os chineses não foram os primeiros a relacionar a Lua com as marés, foram os pioneiros na preparação de tábuas de marés; sua compilação sistemática desse fenômeno remonta pelo menos ao século IX d.C.

Geologia

A arte dos chineses mostra que eles tinham uma avaliação muito clara dos aspectos geológicos. De fato, os artistas chineses eram extremamente fiéis à natureza, e, por centenas de anos, guias para o delineamento de colinas e montanhas, afloramentos de rochas e extensões de águas figuravam entre seus manuais. E, antes do século XII d.C., o sábio neoconfucionista Chu Hsi (Zhu Xi) percebeu que as montanhas haviam-se elevado de terras que antes estavam sob o mar. Isso foi algo que não seria verificado na Europa até o princípio do século XIX. Mas Chu Hsi não foi o primeiro a perceber o fato; essa idéia era conhecida na China muito antes do século XI — de fato, desde algum tempo entre os séculos II e VI.

Ilustração à página 48

Tudo indica que os chineses foram os primeiros a reconhecer os fósseis pelo que eles são de fato — restos de um material que já foi vivo. Certamente, eles estavam na vanguarda quanto à apreciação da verdadeira natureza dos fósseis de plantas. O conhecimento de pinheiros fossilizados aparece desde o século III d.C., e, mais tarde, no século XI, foi descoberto e descrito um fóssil de bambu, embora entre os dois tenha havido outras identificações, conquanto nem sempre corretas, pois algumas vezes houve confusão entre plantas fossilizadas e rochas com veios de um material semelhante a restos de plantas fossilizadas. Os chineses também reconheceram animais fossilizados. Nem sempre identificavam corretamente as espécies; houve, por exemplo, confusão entre um pássaro — a andorinha — e o molusco extinto *Spirifer,* pois as conchas do molusco eram muito parecidas com as asas do pássaro. "Peixes de pedra" eram reconhecidos desde o século VI d.C. e descritos minuciosamente, mas no século I a.C. os chineses haviam reconhecido os fósseis como remanescentes de criaturas vivas, ponto de vista que, embora tenha sido sugerido por alguns gregos, foi totalmente esquecido ou ignorado no Ocidente até o advento da Renascença.

Para a gradual consciência da ciência ocidental em relação às implicações dos restos fósseis, ver volume III, capítulo 8, "Geologia", e volume IV, capítulo 9, "Evolução e a idade da Terra".

Mineralogia

Desde tempos muito antigos, as civilizações sempre se interessaram por pedras, minérios e minerais. Os chineses não foram diferentes, mas deram uma contribuição extra e valiosa. Foi amplamente reconhecido que os minerais se originavam de lentas modificações ocorridas na crosta terrestre, e que os mecanismos responsáveis por essas transformações envolviam "exalações" da Terra; Aristóteles sugeriu duas delas — uma, da umidade dentro da Terra e outra, da Terra seca. Os chineses tiveram uma idéia semelhante por volta da mesma época, e é tentador supor que ambas derivaram de uma fonte comum mais antiga, possivelmente a Babilônia.

Os minerais eram classificados na China de acordo com a dureza, a cor, a aparência e o gosto. Os metais eram diferenciados das pedras. Também se observou, como Teofrasto verificara, que alguns podiam ser fundidos pelo calor, outros, não. Na China também se deu atenção à associação de camadas de minério com diferentes espécies de rochas. Certamente, a mineralogia chinesa foi auxiliada pelo especial interesse nos minerais demonstrado pelos taoístas, os quais sempre especificaram drogas feitas de minerais, tanto quanto de vegetais, fosse para ajudar a produzir a imortalidade física, fosse para um uso médico mais ortodoxo. No Ocidente, no século II d.C., Galeno opôs-se firmemente a qualquer droga que não fosse preparada com ervas, mas na China não havia tais impedimentos.

Os chineses reconheceram e usaram uma série de substâncias minerais. O alume era usado como tintura e em vários processos industriais, bem como na medicina. Isso também ocorreu com o sal amoníaco (cloreto de amônia) e, mais tarde, com o bórax. Os chineses conheciam e usavam esse estranho mineral fibroso, o amianto; sabiam ser a pedra de toque (jaspe) um auxiliar na análise do ouro e da prata, e, evidentemente, conheciam as pedras preciosas. No entanto, é estranho verificar que, embora estivessem familiarizados com os diamantes e houvessem reconhecido sua dureza, não os conheciam como pedras cortadas e polidas até que os portugueses as trouxeram, no século XVI. O mineral decorativo chinês por excelência era o jade, um silicato de sódio e alumínio. Apesar de sua dureza, já era esculpido no tempo dos Chang, e mais tarde era cortado com o uso de abrasivos. Cortadores rotativos circulares estavam em uso no século XII d.C., e parece provável que tenham aparecido muito antes disso.

Uma interessante faceta da mineralogia chinesa é o que hoje chamamos prospecção geobotânica e biogeoquímica. Nos tempos antigos, os mineiros localizavam a presença de minérios pela intuição e experiência. Notavam o estado da terra, o aparecimento de certos afloramentos de rochas, e assim por diante. Entre os chineses esses fatores também eram reconhecidos, porém eles observaram que certas plantas eram associadas a determinados minerais: uma espécie de cebola indicava a presença de ouro nas imediações, o gengibre prenunciava a existência de estanho e cobre. Notavam também que as condições das plantas eram importantes e, como hoje sabemos que algumas espécies de plantas realmente indicam a presença de certos metais, podemos perceber que eles foram os pioneiros em uma técnica que outros povos sequer sonhavam existir. De fato, os chineses sabiam que alguns metais podiam ser extraídos de certas plantas. Pode-se admitir que mineiros de outras civilizações também estivessem cientes desses fatos, mas não há provas disso. No Ocidente, a prospecção era desconhecida até 1650, ou mais tarde.

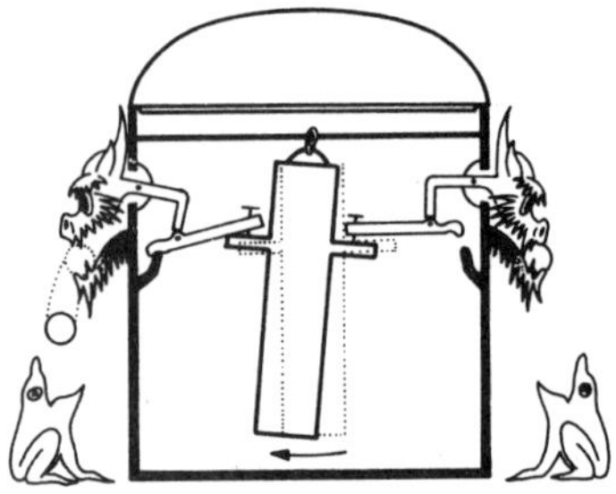

Sismógrafo de Chang Heng. Durante um terremoto, o peso suspenso balançaria na direção dos tremores e esse balanço seria registrado pela queda de uma bola. Ver também ilustração à página 47.

Sismologia

A China constitui uma parte das grandes regiões do mundo sujeitas a terremotos, e, como poderíamos esperar, os chineses guardaram extensos registros de todos os distúrbios que assolavam seu país. A primeira catástrofe ocorreu em 780 a.C., quando os cursos de três rios foram interrompidos, ao passo que o conjunto de registros mostra que houve doze grandes abalos entre o fim do período Sung e o início do governo manchu. Um dos piores terremotos da história ocorreu na China, no ano 1303 d.C., quando morreram mais de 800 000 pessoas.

Embora os chineses não tenham feito progresso na criação de uma teoria dos terremotos, outra civilização antiga ou medieval tampouco o conseguiu. Mas os chineses realmente têm uma reivindicação a fazer no campo da sismologia: construíram o antepassado do sismógrafo. Projetado no princípio do século II d.C., por Chang Heng (Zhang Heng), esse "cata-vento de terremotos" contém o elemento básico de tal mecanismo: um pêndulo muito pesado que, embora não seja afetado por pequenos distúrbios ocorridos na superfície, responde aos profundos e roucos ruídos de um terremoto.

O notável instrumento de Chang Heng consistia em um jarro de vinho feito de bronze, de 2 metros de diâmetro, dotado de uma tampa. Em torno do jarro havia oito cabeças de dragão, cada qual com uma bola. No chão, em torno do jarro, eram colocados oito sapos com as bocas abertas. Durante um tremor de terra, uma das bocas de dragão se abria e deixava cair a bola na boca do sapo. A localização do dragão que soltava a bola indicava a direção de onde provinha o tremor, e em seguida o aparelho se fechava automaticamente, para que nenhuma outra bola fosse solta; obtinha-se, então, uma indicação permanente. O aparelho demonstrou ser útil para o governo, e há provas de que registros semelhantes foram feitos em tempos posteriores. Tais instrumentos parecem ter sido conhecidos no Observatório Maraghah, na Pérsia, no século XIII, mas, como esse observatório estava em contato íntimo com os chineses, parece não haver dúvida de que os instrumentos persas foram importados da China.

Física

A física chinesa nunca se preocupou com átomos ou teorias atômicas. No século IV a.C., parece que os moístas tiveram alguma inclinação nesse sentido e, no século I d.C., o budismo trouxe consigo idéias atômicas, mas o panorama geral chinês se concentrava no crescimento e diminuição mútua das duas forças, Yin e Yang. Era um ponto de vista cíclico que levava a um universo permeado de contínuas mudanças em forma de ondas. Hoje, na moderna ciência ocidental, o movimento cíclico do tipo ondulatório é parte da explicação que damos para as mudanças que ocorrem no universo. Esse é apenas um aspecto de uma elaborada e poderosa teoria atômica, mas isso não altera sua importância no pensamento científico. É interessante, então, verificar que, desde os tempos muitos antigos, os chineses também usaram uma forma de teoria ondulatória para justificar as mudanças que ocorrem por todo o mundo natural; enquanto Yin crescia, Yang diminuía, e depois, enquanto Yin diminuía, Yang crescia novamente. Tão poderoso é esse conceito chinês que alguns físicos atômicos modernos estão se voltando para as imagens chinesas, numa tentativa de explicar suas teorias do comportamento das partículas subatômicas.

Os chineses também eram peritos em medições práticas, como se deveria esperar, talvez, de uma nação que foi bem-sucedida em todos os campos da engenharia. Tinham um sistema métrico desde os tempos mais remotos, e eram pioneiros em muitos domínios da estática — forças, pesos, alavancas, balanças, etc. —, pois os moístas davam contribuições valiosas nesse campo já no século IV a.C. Tentaram também lidar com corpos em movimento, esforço que não continuou na China como ocorreu no Ocidente, com os primeiros estudos do movimento feitos pelos gregos. Além disso, foram os moístas que começaram o estudo da óptica na China, discutindo sombras e notando, desde logo, o fato de que a luz viaja em linha reta. Fizeram experiências também com a "câmara escura" e sabiam como a imagem de uma cena distante se inverte quando a luz passa por um pequeno buraco. Entretanto, na China, como no mundo muçulmano, a câmara escura só se firmou no século VIII d.C. Espelhos planos e côncavos eram objetos de estudo, e os moístas conheciam o que hoje se chama de imagens "reais" e "virtuais", fornecidas pelos espelhos côncavos; em todas essas matérias eles parecem ter sobrepujado os gregos, que, como vimos no último capítulo, tinham algumas idéias fundamentalmente erradas sobre luz e visão. É verdade que, quase na mesma época em que os moístas desenvolviam seu trabalho na China, Euclides, em Alexandria, escrevia uma série de teoremas de óptica; mas seu estudo em relação a espelhos está desaparecido, e é provável que não tenha atingido o estágio alcançado pelos moístas devido a concepções erradas prevalecentes entre os gregos.

Sobre os pontos de vista de Ptolomeu a esse respeito, ver volume I, página 129.

Na China, espelhos côncavos queimadores eram empregados na vida prática, e no período Han, grandes espelhos de metal eram de fato comuns, mas como no Ocidente, desconheciam-se os espelhos de vidro; eles seriam inventados apenas no século XIX. Os chineses estavam familiarizados também com lentes queimadoras. No século X, moldaram lentes de várias formas e sabiam que, enquanto algumas aumentavam as imagens, outras podiam produzir uma imagem reduzida (lentes diminutivas), embora isso não os tivesse levado a usar óculos ou a desenvolver um telescópio. As lentes chinesas eram feitas de cristal de rocha que ocorria naturalmente, embora pareça provável que o vidro também tenha sido usado, ao menos do período Han em diante, pois a China teve uma indústria de vidro já no século VI a.C.

Em todas as civilizações primitivas, a música agiu como um estímulo para o estudo do som, embora o grau científico desse estudo dependesse das atitudes mentais a respeito de investigações dessa natureza; ele podia permanecer em um nível puramente artístico. Mas na China, como na Grécia, era um estudo particularmente voltado para uma medição cuidadosa. Havia uma diferença, contudo: enquanto os gregos estavam interessados principalmente em analisar o som, os antigos chineses tendiam a observar os relacionamentos, pois isso tinha afinidade com seu modo de pensar, mais de acordo com sua visão orgânica do universo, onde tudo guardava alguma relação com alguma outra coisa. Assim, enquanto os gregos procuravam descobrir por que a forma de uma flauta alterava a altura de seu som, os chineses estavam mais interessados em sons harmoniosos ou, em termos modernos, em ressonâncias harmoniosas. Tais sons são ouvidos, por exemplo, quando se tange uma corda de um instrumento musical, transmitindo-se vibrações a outras cordas. Para os chineses, isso era meramente um exemplo de um relacionamento natural em um mundo natural; nada havia de maravilhoso nisso. Uma vez que as notas em que as cordas eram afinadas mantinham um relacionamento específico entre si, estavam orientadas para ter ressonâncias harmoniosas, pois essa era a forma como o mundo estava construído.

Sobre os pontos de vista dos pitagóricos, ver volume I, página 74.

Na China, nos tempos mais primitivos, os sons também tinham relacionamentos não-científicos; os chineses uniam o som ao paladar e à cor em algumas cerimônias religiosas. Mas isso não evitou que se mantivesse também uma atividade científica paralela. Os sons foram classificados por timbre e por altura, e se especificaram várias escalas musicais. Isso, por sua vez, exigia uma afinação perfeita. Tal foi conseguido, parcialmente, pela ressonância; um sino devidamente afinado podia servir como padrão e faria com que outro sino tocasse em ressonância quando estivesse corretamente afinado. Além disso, vasos cheios ou parcialmente cheios com quantidades específicas de água eram usados como ressonadores para dar os tons padrão, e muitas vezes se usavam sinos para ajudar a afinar cordas. Nada disso era exclusivo da China, mas o que era peculiar nesse país era a precisão obtida; isso era parcialmente devido ao uso de sementes de painço como medida de capacidade de flautas de calibres semelhantes, o que pode ter derivado de um desejo básico de medir capacidades de recipientes de vários tipos, mas, certamente do período Han em diante, tornou-se um método padrão de afinar flautas. Os chineses também reconheciam que o som era uma vibração; não eram os únicos a pensar assim, mas certamente deram uma contri-

Ilustração à página 48

buição especial, e o resultado de seu trabalho científico sobre o som foi a evolução de uma "escala de igual afinação". Esse é o tipo de escala adotado atualmente no Ocidente; permite mudança rápida de uma chave para outra. Foi usado — pode-se quase dizer apresentado — por J. S. Bach em seu *Cravo bem temperado;* tal escala era comparativamente nova mesmo no princípio do século XVIII, tendo sido introduzida no Ocidente por volta de 1620. Entretanto, era conhecida e trabalhada na China por Chu Tsai-Yu (Zhu Zai-Yu), em 1585, e há razões para se pensar que a escala ocidental se originou na China.

Sobre sua publicação por Simon Stevin, no princípio do século XVII, ver volume III, capítulo 7, "Física".

De todos os trabalhos dos chineses em física — e é evidente que esse foi um campo em que eles deram muitas contribuições importantes —, o mais significativo foi a invenção da bússola magnética. Esse fato é particularmente interessante, pois é um primeiro exemplo de os processos de magia conduzirem a uma descoberta científica. Aparentemente começou no século III a.C., com o uso das placas dos adivinhos. Essas eram operadas por adivinhadores da sorte, preocupados com os negócios de Estado, e consistiam em duas partes, uma superior e outra inferior. A superior, que representava o céu, girava em um pino, sobre o disco inferior, que simbolizava a Terra. A placa superior tinha a constelação circumpolar norte da Grande Ursa ou do Arado e ambas as pranchas eram marcadas com os "pontos da bússola", ou direções, com um intervalo de 15 graus entre si. Para a adivinhação, "peças" que simbolizavam vários objetos eram atiradas nas placas, e o adivinho então lia o futuro baseando-se em suas posições. Uma das peças simbólicas tinha a forma de uma colher, a qual simbolizava a Ursa. Rodavam rapidamente e, em certa época, não após o século I d.C., essas colheres rotativas substituíram toda a parte superior da placa de adivinhação.

Assim como muitas outras civilizações primitivas, os chineses conheciam as propriedades magnéticas naturais da magnetita (uma forma do óxido de ferro), e nos tempos antigos, seu poder de atrair o ferro era considerado mágico. No segundo ou no primeiro século antes de Cristo, isso levou os adivinhos a usar a magnetita para confeccionar algumas das peças das placas de adivinhação, e a própria colher passou a ser produzida com esse material. Logo depois, assim que a colher passou a substituir a placa do "céu", sua posição, que agora ficava no centro da placa, convenceu os adivinhos de que era verdadeiramente um objeto mágico, pois seu cabo apontava sempre na mesma direção, e passou a ser conhecida como a "colher que aponta para o sul". Certamente, tal colher se movia aos trancos — a fricção se encarregava disso —, e assim se incrementou a prática de fazer a colher de madeira com uma peça de magnetita em seu interior; mais tarde, despida já dos contornos de uma colher, passou a ser montada sobre um pino ou colocada boiando na água. Essa foi a essência da bússola magnética, que apontava para o sul em vez de para o norte, que se tornou um objeto familiar no século I d.C. No século VI, os chineses descobriram que pequenas agulhas de ferro podiam ser magnetizadas caso fossem esfregadas com um pedaço de magnetita e, ainda mais tarde, perceberam que era possível magnetizar o ferro, aquecendo-o ao rubro e depois esfriando-o, enquanto se mantinha o ferro estendido na direção sul—norte.

Ilustração à página 89

A bússola magnética "mágica" foi usada inicialmente na construção de obras públicas e edifícios privados. Tempos depois, foi adotada pelos marinheiros, e era comum nos navios chineses talvez desde o século X e, certamente, no século XI; seu uso pelos chineses para a navegação precedeu, assim, sua adoção no Ocidente em pelo menos cem anos. Mas isso não é tudo. A utilização da agulha magnética trouxe maior precisão na observação das direções magnéticas e, desde a dinastia Tang, levou os chineses a descobrirem que o norte e o sul magnéticos não coincidem com o norte e o sul geográficos, descoberta que não foi feita no Ocidente senão após mais de setecentos anos.

Quanto às primeiras investigações européias sobre magnetismo, ver volume III, capítulo 7, "Física".

Química

Como disciplina científica, a química é uma matéria bastante recente; só no Ocidente, no século VII, é que a química científica se desenvolveu, e se passou um século para que ela atingisse a China. Ao longo do tempo, certamente, os chineses adquiriram uma enorme quantidade de conhecimentos de química prática, como o fizeram os povos de outras civilizações, e esse conhecimento não deve ser desprezado. Com suas técnicas e suas aplicações à medicina, ele formou uma base essencial sem a qual a ciência da química nunca se teria desenvolvido.

A química chinesa primitiva — ou talvez devêssemos chamá-la "protoquímica" ou até mesmo "alquimia", embora tenha ultrapassado esse estágio — deu uma série de contribuições valiosas ao conhecimento básico daquilo que viria a ser a ciência química. Começou, como provavelmente em todos os outros lugares, como um desenvolvimento da arte de cozinhar, mostrando-se um estudo muito adequado aos taoístas; tinha um lado místico, pelo menos do modo como a praticavam, e lhes permitia não só filosofar, como também usar as mãos. A química nada mais é que uma ciência prática, de laboratório, e o trabalho prático que exigia significava que os taoístas podiam demonstrar claramente a diferença existente entre suas perspectivas e as dos confucionistas, que adotavam uma postura de superioridade em relação a todas as práticas artesanais. Mas havia mais do que isso. O principal objetivo dos taoístas era a busca da imortalidade física; procuravam meios pelos quais pudessem impedir o envelhecimento. Para conseguir isso, advogavam uma série de métodos, que incluíam ginásticas, exercícios respiratórios e o uso de remédios especiais, muitas vezes preparados com minérios. Dedicavam especial atenção ao modo como os corpos eram enterrados.

Ilustração à página 48

A imortalidade sempre lhes escapou, mas, na sua procura, reuniram muito conhecimento de química. Um aspecto disso revelou-se num trabalho arqueológico recentemente realizado na China. As escavações de um túmulo em Honan trouxeram à luz um sarcófago que, quando aberto, mostrou conter o corpo de uma mulher, a "senhora de Tai". Embora ela tivesse morrido por volta de 186 a.C. — mais de 2 000 anos antes —, o corpo parecia o de uma pessoa cuja morte tivesse ocorrido há apenas uma semana ou pouco mais; a carne, por exemplo, ainda se mostrava suficientemente elástica para retornar ao normal depois de pressionada. O corpo não estava, porém, embalsamado, mumificado, curtido, ou mesmo congelado; sua preservação se devia a um líquido de cor marrom, contendo sulfureto de mercúrio, mantido dentro de um sarcófago que estava, por sua vez, dentro de outro, fortemente selado com camadas de carvão e argila branca pegajosa. O ar nos sarcófagos era constituído principalmente de metano e estava sob alguma pressão. Assim, o sepultamento preservou o corpo no que hoje chamaríamos de condições anaeróbicas; ele estava hermeticamente fechado e impermeável à água, e a câmara mortuária garantiu que a temperatura se mantivesse razoavelmente constante a cerca de 13 graus. Há muitas lendas sobre taoístas que realmente conseguiram manter a integridade do corpo, e provas obtidas com a escavação de Honan tornam claro que nem todas são mitos; o conhecimento da preservação química se encontrava em um estado evidentemente adiantado, mesmo no século II a.C.

Ao praticarem sua mística alquimia, os taoístas estavam em sintonia com os protoquímicos de Alexandria, da Índia e, na verdade, de todas as civilizações em que se faziam tentativas não apenas de investigar a química das substâncias naturais, mas também de transformar metais ordinários e abundantes em ouro, que era não só mais raro, como muito mais bonito. A palavra "alquimia" certamente deriva do árabe, mas, o que é muito interessante, o próprio árabe derivou do chinês, e não do grego, do egípcio ou mesmo do hebraico, como se pensava anteriormente. Os taoístas, então, podem ter tido influências muito além de seus círculos imediatos; a atividade alquimista geral, que encontramos em toda parte — uma atividade que adotou uma visão "orgânica" de muitas substâncias, que concebeu experiências como cópias de sua gestação no útero da Terra —, pode ter devido algo a eles. Era certamente uma perspectiva que se adaptava bem à visão chinesa do universo como um organismo. Mas os taoístas também foram auxiliados por outros aspectos da filosofia chinesa; a teoria dos cinco elementos ajudou-os a classificar várias substâncias e a fazer experiências apropriadas com elas, enquanto a doutrina das duas forças os levou a uma idéia de fluxo e refluxo, a um sentido de mudança cíclica em que, assim que um processo atinge o seu ponto máximo, seu oposto deve começar a se afirmar.

Sobre a possível influência das idéias taoístas de alquimia na Índia, ver páginas 76-77; sobre a alquimia no mundo muçulmano, ver páginas 126-129; e na Renascença européia, ver volume III, capítulo 7, "Química".

Suas experiências levaram-nos a projetar uma variedade de aparelhos químicos especiais, que incluíam artigos como fornos e fornalhas especiais, assim como vasos nos quais as reações químicas podiam processar-se em condições de isolamento. Muitas vezes tais reações significavam o estabelecimento de altas pressões, e freqüentemente se usavam recipientes de metal resistente, muitas vezes envoltos em arames para evitar que toda a retorta viesse a explodir. E, embora os chineses nunca tenham inventado termômetros propriamente ditos, seus alquimistas e protoquímicos certamente sabiam da importância de algumas reações se realizarem sob certo calor; por isso, criaram banhos de água e outros estabilizadores de temperatura. Balanças romanas eram usadas para a pesagem e — o que era muito engenhoso — utilizavam-se de tubulações de bambu para ligar uma peça do aparelho a outra.

Talvez, porém, a peça mais significativa tenha sido o alambique. Derivava, basicamente, do pote de cozimento neolítico, o *li.* Tinha três pernas ocas; mais tarde desenvolveu-se em um tipo especial de vaso duplo de vapor, o *tseng (zeng),* que tinha, com efeito, um segundo vaso montado sobre o primeiro, separado por uma grade perfurada. Para finalidades químicas, o segundo vaso era envolto por um recipiente com água para resfriamento, de tal forma que as substâncias evaporadas se esfriavam e se condensavam em seguida; gotejavam, então, sendo coletadas em uma pequena xícara. Esse desenho, que foi usado por toda a Ásia Oriental, era diferente do tipo de alambique empregado em Alexandria; nesse caso, o material destilado era trazido para fora, por um tubo, para um vaso coletor; o resfriamento que devia ocorrer era conseguido apenas pelo ar que circulava em torno do tubo exterior. O desenho básico do alambique chinês é por nós empregado, hoje em dia, no moderno alambique molecular, usado para a extração de pequenas quantidades de compostos complexos, mas pode ter sido um aperfeiçoamento do tipo alexandrino ou helenístico. Este último data de algum tempo antes do ano 300 d.C., enquanto o chinês foi criado, provavelmente, no século IV d.C., embora possa ser anterior a essa época. O que não deixa dúvida, porém, é que a destilação era amplamente praticada na China do século VII, durante o período Tang. Além disso, o resfriamento imediato do material destilado, que o alambique chinês conseguia, era importante quimicamente; tal processo de resfriamento só se tornou disponível no Ocidente quatrocentos ou quinhentos anos mais tarde.

Ilustração à página 90

Uma das técnicas do alambique chinês utilizada pelos protoquímicos era a destilação do álcool; para isso, é imperativo um sistema de resfriamento, caso contrário o álcool se perde. Eles também praticavam um processo especial de congelamento; tratava-se de um método em que se congelava a água para deixar livre o álcool. Essa técnica, que não exige o alambique, produz uma forma de álcool muito concentrada, que os chineses parecem ter conhecido já no século II a.C.

Sobre o uso da mesma técnica por Paracelso, no século XVI, ver volume III, capítulo 7, "Química".

Com o passar do tempo, os conhecimentos de química foram se acumulando. Alguns minerais eram preparados em formas apropriadas para uso medicinal — os sulfetos de arsênico eram um exemplo disso —, o que representou uma grande antecipação em relação ao seu uso no Ocidente, onde os minerais não foram usados em tratamentos médicos antes do século XVI. Industrialmente, os chineses tornaram-se peritos na extração do cobre pela precipitação desse metal em soluções, e também usaram um tipo fraco de ácido nítrico para obter substâncias insolúveis em condições normais. Esse trabalho colocou-os em contato com o nitrato de potássio, ou salitre, que usaram em experiências em combinações com o carvão e o enxofre, substância que já era extraída há muito tempo. As experiências podem ter sido feitas — e provavelmente o foram — com o propósito de obter um elixir que ajudasse a conseguir a imortalidade, mas, qualquer que tenha sido a finalidade inicial, levaram os chineses à descoberta da pólvora. Esta era usada em fogos de artifício e para fins militares, tendo sido empregada em combate pela primeira vez no século X, durante um período em que o país estava novamente dividido em facções guerreiras. Durante os duzentos anos seguintes, ela tomou parte, regularmente, em ações militares na China, mas não se tornou conhecida fora desse país até o século XIII, quando foi usada no mundo muçulmano; chegou à Europa no século XIV.

Então, que podemos dizer, em suma, da química chinesa? Em seus aspectos mais místicos e mágicos, abriu caminho para a descoberta de métodos sem paralelo para a preservação dos mortos e, em seus aspectos mais práticos, trouxe avanços industriais, militares e médicos. Cientificamente, os chineses também deram notáveis passos à frente, pois muito cedo compreenderam que as reações químicas podiam prover não só misturas como também substâncias totalmente novas, enquanto seus protoquímicos também desenvolveram tabelas de substâncias e o conhecimento do modo pelo qual reagiam, antecipando-se assim à idéia ocidental da afinidade química, que evoluiu no século XVII. Além disso, a química chinesa parece ter contribuído muito em matéria de pesar e medir as proporções das substâncias que tomavam parte nas reações e, assim, os chineses obtiveram alguma percepção daquilo que os químicos modernos chamariam de combinação de pesos e proporções, importante aspecto da pesquisa moderna. Além disso, sua preocupação com a precisão iria contribuir para o nascimento da química moderna.

Biologia e ciência agrícola

Muita pesquisa ainda precisa ser feita sobre as ciências biológicas na China, mas, felizmente, já se dispõe de bastante informação para que se possa apreciar alguma coisa do que os chineses conseguiram. Eles tinham, naturalmente, uma variedade muito grande de animais em seu vasto território, inclusive espécies raras como o panda e a salamandra gigante, e também o gibão. Desde cedo eles já sabiam da importância de uma criação seletiva; assim criaram o búfalo, que era usado para arar os campos macios, e, para uma classe social mais elevada, o cão pequinês e uma grande variedade de peixes dourados. Os chineses se interessavam por cavalos; criaram o pônei mongol, e o imperador Wu Ti persistiu em sua conquista de Fergana (atual região do Usbequistão, na URSS) a fim de capturar alguns cavalos "suor-de-sangue". Eram excelentes cavalos, possivelmente antepassados dos famosos cavalos árabes, mas eram infectados por um parasita que causava hemorragia na pele; o imperador os queria mais por motivos místicos do que para equipar sua cavalaria.

Os chineses escreveram muito sobre animais, e há muitas descrições sobre eles, especialmente nas diversas enciclopédias que foram compiladas do século IV a.C. em diante, e também num tipo especial de literatura que pode ser mais adequadamente chamada de histórias naturais farmacêuticas. Estas começaram dois séculos mais tarde e descreveram o crescente conhecimento dos chineses sobre o mundo natural. Havia também pequenos panfletos sobre animais específicos e, naturalmente, essas criaturas particularmente associadas aos chineses, o bicho-da-seda. Estes foram criados da época Chang (cerca de 1500 a.C.) em diante, embora não tenha sido senão um pouco mais tarde, na dinastia Tcheu, que se iniciou um programa de criação bem-organizado, o qual se manteve como monopólio chinês até meados do século VI d.C., quando seus segredos foram roubados da China e introduzidos na Europa. Entretanto, o bicho-da-seda não foi o único inseto domesticado pelos chineses. Em Se-tchuan, criaram-se insetos escamados que viviam em freixos, pois esses insetos são cobertos de escamas cerosas brancas, enquanto a fêmea também segrega cera. Essa cera era usada na medicina, bem como na fabricação de velas. Outros insetos escamados, como a cochonilha, eram criados por causa do material corante que produziam, de utilidade na tinturaria.

Na verdade, os chineses parecem ter tido especial predileção pelos insetos. Criavam grilos por esporte, mantendo-os em gaiolas e soltando-os para lutar, de modo muito semelhante à briga de galos. E, naturalmente, também criavam abelhas, embora o mel obtido fosse usado principalmente para finalidades médicas. Mas, indubitavelmente, o uso mais extraordinário dos insetos tinha como finalidade proteger as plantações da devastação por outras pragas. Um livro escrito no século III d.C. descreve como, no sul, os produtores de cítricos penduravam sacolas de formigas em suas árvores como proteção contra aranhas, acarinos e outras pragas. Esse é o primeiro exemplo conhecido de proteção biológica de plantas, e não há dúvida sobre sua eficácia; a espécie de formiga foi agora identificada e a prática continua até hoje.

O estudo das plantas pelos chineses foi pelo menos tão extenso quanto o seu trabalho com os animais, e teve continuidade. No mundo ocidental, houve pouco desenvolvimento depois dos gregos, até a época da Renascença, mas na China não ocorreu tal hiato. E, além disso, os chineses tiveram a vantagem de possuir uma variedade de plantas imensamente mais rica do que aquela de que dispunham os botânicos ocidentais — das florestas de coníferas no norte, às florestas decíduas e regiões florestais bem ao sul, assim como áreas desérticas e cobertas de arbustos. E, se isso não fosse suficiente, os botânicos chineses eram estimulados em seus estudos pelo governo, pois os burocratas tinham mais que um interesse passageiro no uso da terra e precisavam conhecer as diferentes espécies de plantas e árvores e os ambientes em que elas melhor floresciam. Por outro lado, essa política encorajou os chineses a fazer um estudo cuidadoso dos solos, o que não teve paralelo entre as civilizações mediterrâneas. Tal estudo começou cedo na China, pois condições de solo eram descritas por volta do século IV a.C., e há indicações de que uma primitiva ciência do solo já existia trezentos anos antes.

BIOLOGIA E CIÊNCIA AGRÍCOLA

Por toda a sua história, os chineses tiveram que enfrentar os problemas resultantes de uma população grande e em contínuo crescimento. Isso afetou sua agricultura, bem como a botânica, pois encorajou plantios de produtos agrícolas em regiões diferentes de seu habitat normal, e até mesmo a criação de famílias de plantas que seriam um sucesso em condições diferentes. Muito trabalho útil foi realizado nesse campo do século X ao século XIV d.C. Outro estudo, provocado pelo perigo sempre presente da fome em algumas regiões, foi o que é conhecido, muitas vezes, como o "movimento alimentício". Cobrindo o período que vai do século XIV ao século XVII, esse movimento estudou a ação a ser desenvolvida sob condições de fome. Enfrentou o problema relacionando e descrevendo em detalhes todas as plantas selvagens que podiam ser utilizadas como alimento e foi, num sentido muito real, um precursor de todas as tentativas que hoje são feitas para ampliar as fontes naturais dos suprimentos de alimento para a humanidade.

Os documentos desse movimento faziam parte de uma literatura botânica de maior amplitude que os chineses produziram. O material botânico aparecia em suas enciclopédias e nas histórias naturais farmacêuticas já mencionadas, mas havia também, como no caso da zoologia, uma série de trabalhos específicos sobre determinadas plantas, excedendo de muito os trabalhos a respeito de vários animais. Naturalmente, isso deveu-se, em parte, à grande necessidade de detalhes sobre plantas que podiam ser usadas na medicina. Quando as palavras impressas se tornaram disponíveis na China, a partir do século IX, os textos se multiplicaram e, trezentos anos depois — quando amadureceu a arte de preparar blocos de madeira para ilustrações —, passaram a conter ilustrações cuidadosas e precisas das espécies de plantas.

Sobre a difusão da impressão na China e no Ocidente, ver volume III, capítulo 7, "A Renascença".

A botânica científica precisa de um sistema de classificação das plantas, como veremos ao examinar o trabalho de Lineu na Europa do século XVIII, mas alguns passos importantes, ao longo desse trajeto, foram dados na China muito antes disso. A língua chinesa, por si mesma, foi grandemente responsável por isso: nos tempos primitivos, os símbolos pictóricos prestaram-se para representar objetos como troncos, galhos e caules, assim como várias espécies de folhas e até de frutos, e, quando esses símbolos se transformaram nos ideogramas do chinês escrito, tal facilidade não se perdeu. Novos sinais foram inventados quando necessário, e os chineses nunca tiveram de recorrer a outra língua, como os botânicos ocidentais precisaram fazer mais tarde; de fato, eles não possuíam uma língua "morta" de que se pudessem valer. Tudo isso significa que os nomes botânicos apareceram naturalmente; havia, é claro, nomes vulgares, mas, desde o século III a.C., os chineses já classificavam as plantas com nomes científicos de duas palavras. Isso os auxiliou em sua habilidade de classificar e reconhecer famílias naturais de plantas de modo não muito diferente do que era usado no Ocidente.

O maior de todos os autores botânicos chineses, Li Shih-Chen (Li Shi-Zhen), nasceu em 1518 e trabalhou durante a dinastia Ming. Homem letrado e de sábios pontos de vista, em 1583, aos setenta anos, deu os retoques finais em uma enorme história natural farmacêutica (a *Grande farmacopéia),* na qual apresentou todos os fatos que conhecia, acompanhados por uma cuidadosa avaliação crítica; ele deu seu nome científico preferido a cada uma das plantas mencionadas, seguido por uma lista de outros nomes, e nisso realmente se antecipou à nomenclatura moderna.

Os chineses eram também grandes cultivadores de flores de jardim, e muitas das que hoje enfeitam os jardins ocidentais se devem à China, como a rosa, o crisântemo e a peônia. Para os chineses, o jardim era um lugar de quietude e contemplação, e era planejado e cultivado levando-se isso em consideração. Entretanto, foi por suas técnicas de jardinagem que os chineses foram muitas vezes criticados, ao menos no que diz respeito à agricultura; mas, se os métodos que usavam para produção de alimentos em larga escala pareciam mais apropriados para a jardinagem do que para a lavoura, isso lhes deu certas vantagens no que se refere ao cultivo intensivo. Pois a necessidade que tinham de produzir grandes quantidades de alimentos levou-os a empregar métodos que, do período Han em diante, produziram um rendimento por área muito superior a qualquer cifra conhecida no Ocidente. Isso era, em parte, devido ao fato de a plantação ser feita de tal forma que se podia alcançar cada planta e lhe dar atenção individual, enquanto no sul da China, durante o fim do período Han, a semente era plantada em sementeiras, seguindo-se o transplante no tempo devido. Fazia-se, naturalmente, grande uso da irrigação, e em torno dos tanques de irrigação para o arroz, cultivavam-se plantas macias, como castanheiros aquáticos, feijões e pepinos, e se criavam patos. Além disso, plantavam amoreiras para a cultura do bicho-da-seda e, à sua sombra, os búfalos pastavam ruidosamente, nivelando o chão e tornando-o firme com suas passadas. Nada se perdia.

Os chineses também praticavam a rotação de culturas. Diferentemente dos romanos, que deixavam o chão descansar a anos alternados, os chineses, depois do período Han, só utilizavam esse método como último recurso. Os excrementos humanos, assim como os de animais, serviam como fertilizantes, enquanto se usava também a lama dragada do Yang-tsé. Com o crescimento da população, a demanda por terras se tornou mais intensa, e do século IX ao século XIII d.C., utilizou-se a técnica de terraços, e os lagos foram drenados e circundados por muralhas de terra — técnica usada mais tarde na Europa, com grande sucesso, pelos holandeses —, ao mesmo tempo em que se usavam balsas de bambu cobertas com plantas aquáticas e terra como meio adicional de aumentar a área de cultivo. Apesar de tudo isso, os chineses não eram avessos à importação de novas culturas de países vizinhos; o trigo e a cevada foram antigas importações da Ásia Ocidental; do século VI ao século VIII d.C., havia algodão da Índia, e variedades especiais de arroz, importadas do antigo reino de Champa, no século XI, produziram duas colheitas e, com criação seletiva, uma variedade que amadurecia em sessenta dias ou menos. Como implementos auxiliares, os chineses desenvolveram máquinas agrícolas bem-desenhadas que, por causa de seus métodos de jardinagem, podiam ser construídas com a tecnologia simples de que dispunham. Como as técnicas de lavoura européias exigiam máquinas muito mais pesadas, foi necessária uma revolução industrial antes que as máquinas agrícolas se tornassem realmente úteis no Ocidente.

Medicina

Os chineses desenvolveram uma agricultura intensiva para alimentar uma população em constante crescimento. Mas como a mantinham saudável? Há aspectos do tratamento médico chinês e idéias chinesas sobre o funcionamento do corpo que merecem pelo menos um breve comentário, particularmente agora que a acupuntura é aceita pela medicina tradicional fora da China e é ocasionalmente usada como meio de tratamento em outros países.

As origens da acupuntura vão longe na história chinesa. A primeira documentação data de cerca de 600 a.C, e desde essa época a técnica não deixou de ser empregada, embora hoje os chineses a usem em conjunto com a moderna medicina ocidental — por exemplo, como anestésico durante uma cirurgia. Ela está sendo agora investigada à luz do conhecimento moderno, mas é um sistema sutil e parece um método prático de estimular as reações naturais do corpo ao ataque de uma doença. Na China, foi usada não apenas na medicina humana, mas também no tratamento veterinário. A idéia da acupuntura pode ser encontrada na crença chinesa de uma ligação íntima entre os homens e as coisas terrenas (o microcosmo) e o universo em geral (o macrocosmo). Em parte, ela reflete sua visão do universo inteiro como um organismo, resultando em que os pontos de acupuntura originais guardam uma relação específica com os pontos da bússola e o arranjo do céu; reflete também a visão de uma espécie de "espírito vital" ou "ar" que se movia entre as coisas vivas e cujo movimento era facilitado pela implantação das agulhas. De fato, o espírito vital desempenhava papel importante na medicina chinesa, pois foi, mais tarde, desenvolvido na teoria de uma circulação "pneumática" dentro do corpo, movida pelos pulmões. Essa circulação era, porém, apenas uma das duas que os chineses reconheciam; a segunda era movida pelo coração e se referia ao sangue, que eles supunham carregar um "suco" vital.

Ambas as idéias sobre circulação parecem ter sido baseadas em um exame cuidadoso do corpo, suas ramificações nervosas, veias e artérias. Tais idéias provavelmente se originaram no início do período Han e, portanto, precederam as idéias sobre a circulação do sangue aventadas no Ocidente mais de 1 600 anos depois.

O interesse dos chineses nas "duas circulações" levou seus médicos a atribuírem grande importância à pulsação dos pacientes. Mas a pulsação não era tudo o que interessava ao médico chinês; ele também investigava o estado geral do paciente, incluindo o cheiro da respiração, a limpeza e a cor da língua e os batimentos cardíacos. Para guiá-lo, o médico tinha um grande manual, o *Manual da medicina corporal,* equivalente, tanto em autoridade como em extensão, ao corpo das doutrinas de Hipócrates. Nele encontrava os tratamentos bem explicados, dentre os quais outro método ímpar chinês, a moxibustão. Essa palavra deriva da combustão do absinto *(Artemisia moxa),* que podia ser queimado de várias maneiras, próximo à pele ou, em certos casos, em pontos específicos dela, como ocorria na acupuntura. A moxibustão pode ter sido usada na China pela primeira vez para aliviar o reumatismo nas juntas e outras dores, mas esta não foi sua única função. Os médicos chineses usavam-na também como forma de tratamento de certos distúrbios, e agora se sabe que ela realmente tem alguns poderes curativos especiais, sobretudo no que se refere às doenças da pele. A moxibustão e a acupuntura trabalham, naturalmente, em harmonia com a prescrição de drogas.

Sobre a avaliação islâmica dos capilares, ver páginas 125-126; sobre a explicação de Galeno a respeito do sistema sanguíneo, ver páginas 133-134; e sobre a demonstração de William Harvey acerca da circulação do sangue, ver volume III, capítulo 8, "Ciência biológica — botânica, zoologia e medicina".

Como se podia esperar de um Estado altamente burocrático como a China, a prática médica era uma profissão estritamente regulamentada. Era necessário prestar exames de educação geral e de medicina, e no século V d.C. havia cargos acadêmicos em medicina, enquanto na época Tang existia uma Faculdade Imperial de Medicina. Parece que foi na China também que apareceu pela primeira vez a idéia de hospitais. Eles surgiram na época Han, mas, com a chegada dos budistas, seu número aumentou. Originalmente fundações taoístas e budistas, eles foram absorvidos pelo Estado desde o período Tang. Havia também regulamentos sobre quarentenas, certamente desde o século IV d.C. — se não antes —, e duzentos anos depois estabeleceram-se colônias de leprosos.

Conclusões

Tal como muitos outros aspectos da ciência chinesa, a medicina atingiu um alto nível na prevenção e no tratamento de doenças. Nisso o Estado desempenhou seu papel ao impor regulamentos eficientes. De modo geral, foi esse envolvimento do Estado chinês — ajudando na coleta de dados, organizando e auxiliando a completar o conhecimento obtido dessa forma em todo o enorme país, assim como usando o discernimento dos cientistas para melhorar seus rendimentos e sua habilidade de empreender a guerra — que tornou a história da ciência chinesa muito diferente daquela da ciência primitiva do Ocidente. Os estudos chineses eram bem mais abrangentes, muito menos esporádicos, e as idéias visavam sempre a um fim, ao contrário do que acontecia com o trabalho dos cientistas relativamente isolados do cristianismo medieval.

Apesar disso e do fato de a ciência chinesa ter atingido em tantos campos, já nos tempos remotos, um nível de conhecimento igual ou superior ao da Europa em 1500, não houve uma "revolução científica" na China: a penetração na era da poderosa ciência moderna ocorreu na Europa e não no Oriente. Por que isso aconteceu? É de todo impossível dar uma resposta categórica a essa pergunta. Mas isso pode, em parte, ter relação com a mesma associação íntima entre ciência e burocracia estatal. Na China, nunca se desenvolveu o impulso urgente da exploração, de se fazerem novas descobertas só para a satisfação pessoal, como aconteceu na Europa da Renascença, e não havia a aspiração de quebrar o molde das ortodoxias existentes que motivou homens do tipo de um Galileu. E uma das razões para isso deve estar na predominância da eficiente mas tradicional burocracia chinesa, cujas regras e perspectivas haviam sido definidas por Confúcio muitos séculos antes. Mesmo assim, é impossível encarar a ciência chinesa sem um sentimento de dívida para com seus critérios, e muitas de suas idéias e métodos ainda estão sendo vigorosamente desenvolvidos. Igualmente, o Ocidente está, em alguns casos, começando a se voltar para esses critérios, particularmente para a atitude holística dos chineses em relação ao universo, que hoje é vista como menos destrutiva do que certos aspectos da concepção ocidental da natureza.

Capítulo 4

Ciência hindu e indiana

A história da ciência hindu — a ciência do subcontinente da Índia antes do advento do islamismo com a dinastia mogul, do século XVI — ainda requer muita pesquisa. O minucioso trabalho que tem sido feito na China realmente precisa ser realizado com respeito à civilização que se encontra a sudoeste daquele país, mas o assunto é cheio de dificuldades. Há sérios problemas de datas e disponibilidade de literatura; e, num campo em que há tanta coisa obscura, as questões referentes à cultura e ao contato científico com outras civilizações, ou ao desenvolvimento independente de idéias, tornaram-se muito difíceis de responder. Em virtude dessa incerteza, este capítulo deve ser breve, embora pudesse esboçar muitos aspectos da ciência na Índia que são interessantes em si mesmos, além de outros que seriam importantes no intercâmbio de idéias entre a China, o mundo muçulmano e o Ocidente, antes da Revolução Científica.

História antiga

A história da civilização da Índia é tão antiga quanto a da China, como ficou revelado nas escavações das principais cidades da chamada civilização do vale do Indo. Essas cidades — principalmente Mohenjo-Daro e Harappa, situadas na região que corresponde ao atual Paquistão — datam do período 2300-1750 a.C. e exibem um planejamento urbano e um conhecimento de engenharia bastante complexos, ao lado de uma economia bem-desenvolvida. Havia banhos públicos e um sistema de drenagem, as ruas eram pavimentadas e, em muitos aspectos, suas culturas eram mais avançadas que as da Mesopotâmia da mesma época. Assim como uma língua escrita ainda indecifrada, o povo dessas cidades deixou um vívido registro em uma grande quantidade de selos, que revelam grande consciência e conhecimento da vida animal e das plantas.

Ilustrações às páginas 93-94

As origens da mais ou menos contínua cultura hindu da Índia podem ser encontradas em uma série de invasões de culturas indo-européias da Idade do Ferro, provenientes do norte no século XVIII a.C. Essas culturas acabaram invadindo todo o subcontinente, e introduziram o precursor do sistema de castas, dividindo a sociedade em quatro rígidos grupos: guerreiros, sacerdotes, mercadores e trabalhadores. Foi nesse período também que as crenças védicas, que formaram a base do antigo hinduísmo, foram desenvolvidas e registradas; uma vez que o caráter dessas crenças tem relação com o futuro desenvolvimento da ciência indiana, será útil abordá-las aqui.

A base do hinduísmo é uma religião animista com um grande número de deuses, não diferentes dos do Egito, e as atividades religiosas do hindu são voltadas para as observações rituais que permitem que cada aspecto da vida fique em sintonia com esses vários deuses e espíritos. Pois acreditam que o universo está prestes a ser destruído pelo caos, e os sacrifícios oferecidos pelos homens podem ajudar a fortalecer os deuses. Essa idéia une-se à crença na correspondência entre o microcosmo e o macrocosmo, segundo a qual o homem e as coisas terrestres são um reflexo do universo mais amplo, e vice-versa. Essa crença foi importante na associação dos estudos físicos e espirituais, como se pode observar nas práticas bem difundidas da ioga e outras formas de ascetismo. A religião hindu encorajou a pesquisa espiritual e desenvolveu grandiosos conceitos sobre a unidade da natureza e o divino princípio; há também a doutrina do carma, ou força gerada pelas ações de uma pessoa, que influencia não só as futuras ações humanas como a forma pela qual o espírito dessa pessoa será reencarnado após a morte.

As idéias do hinduísmo combinam a reverência a todas as formas de vida com certo desdém pelos aspectos materiais da existência. Essas tendências foram levadas a uma forma extrema pelos ensinamentos de Sidarta Gautama (564-483 a.C.), conhecido como Buda (o Iluminado). Ele ensinava que o único objetivo da vida era alcançar o nirvana, a libertação do ciclo de renascimento e sofrimento que é o âmago inevitável da vida. Nada no mundo material tem uma densidade semelhante à desse fato, e renunciar ao mundo e à individualidade é meta essencial para seus seguidores.

O budismo não foi mais benéfico à pesquisa do que o hinduísmo, embora algumas de suas crenças, como a idéia dos ciclos cósmicos, influenciassem a matemática. Mas ele realmente tem um lugar na história da ciência, pois exerceu uma atração muito mais ampla que o hinduísmo e alcançou grande importância por todo o sudeste da Ásia, especialmente na China, no Japão e na Coréia. Como resultado, serviu de canal para a troca de idéias e conhecimentos entre várias culturas.

Os governantes nativos da Índia jamais conseguiram uma unificação total ou permanente de seu enorme país — a tentativa mais notável foi a de Açoka, no século III a.C., com base no vale do Ganges. O subcontinente foi por longo tempo presa de invasores do norte. Embora a Índia não tenha sido absorvida na primeira grande expansão do islamismo, no século VIII d.C., uma dinastia islâmica conquistou virtualmente todo o país nos séculos XVI e XVII. Os soberanos islâmicos consolidaram um contato mais íntimo com a Pérsia; e, quando seu domínio declinou, os europeus — e particularmente os ingleses — instalaram-se no país e impuseram às tradições nativas muitos aspectos da cultura e da ciência ocidentais.

Astronomia e matemática

Durante o período védico, que durou aproximadamente do século XV a.C. até o século XI d.C., fez-se alguma observação do céu, e o universo foi dividido em três regiões distintas (a Terra, o firmamento estrelado e o céu), cada qual submetida, por sua vez, a três subdivisões. A trajetória do Sol foi descrita, provavelmente, como fizeram os chineses, observando-se as estrelas que estavam ao sul à meia-noite e, portanto, em oposição ao Sol, ao passo que também se observava a Lua e se elaboravam calendários com base nos movimentos desses dois astros.

Parece ter havido duas formas de calcular o mês: uma contando de lua nova a lua nova, a outra, de lua cheia a lua cheia. Então, por volta de 1000 a.C., passou-se a usar um ano de 360 dias, dividido em 12 meses de 27 ou 28 dias: isso levando-se em consideração que devem ter observado essa trajetória da Lua contra o fundo formado pelas estrelas (27, 32 dias). Na verdade, 12 x 27 dá um total que é 36 dias menor que o ano de 360 dias, mas se o cálculo é feito entre duas luas cheias (ou novas), seria mais apropriado um mês de 30 dias, correspondendo ao período de 360 dias. Os hinos védicos dão os dois valores (27 e 28), mas parece que o período foi sendo alterado com o passar dos anos, pois em 100 a.C. um texto védico "a respeito das luminárias" refere-se também ao mês "teórico" de 30 dias. Mesmo assim, isso daria um calendário 5, 25 dias mais curto que o ano solar, e os hindus vedas tinham dois métodos para lidar com ele: ou adicionar um mês extra a intervalos regulares ou somar cinco ou seis dias a um ou mais meses. Tentaram ambos, e por fim adotaram a primeira alternativa.

Ao que tudo indica, os planetas não exerciam muita atração sobre os hindus, mas há algo intrigante a respeito deles. Cinco planetas brilhantes são visíveis a olho nu, mas os hindus imaginavam que havia ainda dois outros "corpos", Rahu e Ketu, que introduziram como responsáveis pelos eclipses solares. Uma vez que tais eclipses só ocorrem quando o Sol está em um ponto em que sua órbita aparente (a eclíptica) cruza a órbita da Lua, considerava-se que Rahu e Ketu se localizavam, presumivelmente, nesses pontos, embora o significado preciso dos termos seja difícil de determinar, de vez que a palavra "Ketu" também é utilizada para se referir a fenômenos incomuns como cometas e meteoros.

As estrelas igualmente não encantavam as astrônomos da Índia antiga, eles não preparavam catálogos de estrelas, como fizeram gregos e chineses, e parecem ter encarado as estrelas apenas como um guia para os movimentos do Sol e da Lua, dos quais precisavam, naturalmente, para a confecção do calendário. Assim, as estrelas que despertavam seu interesse eram as que se localizavam ao longo da eclíptica, e estas eles dividiram em 28 *naksatras,* cada qual com o comprimento de cerca de 13 graus. Entretanto, apesar dessa concepção utilitária, reconheciam alguns grupos de estrelas e batizaram

ASTRONOMIA E MATEMÁTICA

algumas das estrelas mais brilhantes — por exemplo, as Plêiades, Castor e Pólux, Antares, Vega e Espiga.

Os pontos de vista mencionados até agora foram modificados pelos jainistas. Eram os seguidores do jainismo, religião fundada no século VI a.C. por Vardamana Maavira, como protesto contra o antigo ritual ortodoxo védico. Tinha por finalidade o aperfeiçoamento da natureza humana, principalmente por meio de uma vida monástica e ascética, rejeitava a idéia de um deus criador e pregava que não se deveria ferir qualquer criatura viva. Religião dualista, via a realidade constituída de duas entidades e, na astronomia, seus seguidores pensavam em dois sóis, duas luas e dois conjuntos de *naksatras;* segundo essa crença, nosso planeta era visto como uma série de anéis concêntricos constituídos de terra, separados por anéis concêntricos de oceanos. O círculo mais interior, ou *Jambudvipa,* era dividido em quatro quartos, tendo ao centro a sagrada montanha Meru; a Índia era o quarto mais ao sul, e considerava-se que o Sol, a Lua e as estrelas seguiam trajetos circulares em torno da montanha Meru, como ponto pivô, e moviam-se paralelamente à Terra. Teoricamente, o Sol devia prover a luz do dia a cada quarto, sucessivamente, mas, uma vez que o dia durava 12 horas, ele só podia cobrir dois dos quartos a cada 24 horas. Por essa razão, eram necessários dois sóis, duas luas e dois conjuntos de estrelas.

Para que não se imagine que toda a astronomia indiana antiga tenha sido, de certo modo, vaga e imprecisa, e que o cálculo do calendário era tudo o que interessava aos seus astrônomos, deve-se enfatizar que eles manifestaram interesse em aplicar medidas e métodos numéricos ao céu. No fim do século V a.C., quando a dinastia persa dos Acamênidas controlava o noroeste da Índia, a astronomia e a literatura mesopotâmicas fluíram para o país. No século II d.C., houve um influxo da astrologia grega e, mais tarde, chegaram outros materiais astronômicos gregos (alexandrinos), isso fornecendo tabelas de posições planetárias para serem desenhadas e uma teoria planetária grega para ser trabalhada, enquanto se faziam tentativas de medir os tamanhos e as distâncias tanto do Sol quanto da Lua. Essa concepção mais matemática desenvolveu-se fortemente do século VI em diante, e sua personagem mais importante parece ter sido Ariabata I, que nasceu em 476 e trabalhou na região de Parma. (É conhecido como Ariabata I para que possamos distingui-lo de outro astrônomo, Ariabata II, que viveu no fim do século X e princípio do século XI.) As tentativas de Ariabata I de fazer suas medidas parecem ter sido baseadas nos métodos de Hiparco e eram, presumivelmente, derivadas do *Almagesto.* Os valores que ele obteve não eram muito diferentes, sendo um pouco grandes para a Lua, mas muito menores para o Sol — na verdade bastante pequenos, na ordem de quase 28 vezes —, e até algumas medidas feitas mais tarde por Bascara II, que nasceu cerca de seiscentos anos depois de Ariabata, ainda apresentavam erros; de fato, não eram tão exatos quanto os de Ariabata em relação à Lua, embora seus erros com respeito ao Sol tenham sido apenas dezenove vezes menores. Nova-

Sobre Hiparco, ver volume I, páginas 126-128.

mente, o esquema de Ptolomeu para o movimento planetário foi adotado durante os primeiros séculos depois que o *Almagesto* foi escrito, embora Ariabata I tenha lançado a idéia de uma Terra em rotação.

Os instrumentos de observação usados pelos astrônomos hindus eram aqueles utilizados em toda a Antiguidade: o gnômon, os círculos e meios círculos para se achar as distâncias dos corpos celestes acima do horizonte e ao longo da eclíptica, a esfera armilar e os relógios de água — embora eles tenham adotado o astrolábio e os instrumentos gigantes, construídos em alvenaria, que herdaram, mais tarde, dos astrônomos muçulmanos. Nas técnicas de observação, portanto, não apresentaram grandes inovações; na verdade, os belos e famosos observatórios equipados com instrumentos de alvenaria construídos em Deli e Jaipur, sob a orientação de Jai Singh, no século XVIII, eram, até certo ponto, anacrônicos. Eles seguiram uma tradição com mais de três séculos de existência e não acompanharam as medições celestes européias que usavam telescópios, as quais ofereciam maior precisão do que as obtidas com instrumentos de alvenaria, por maiores que fossem.

Ilustração à página 96

Outro aspecto da astronomia hindu que merece pelo menos breve menção foi sua preocupação com os ciclos de longa duração. Um deles era o *mahayuga,* um período de 4 320 000 anos; é quatro vezes 1 080 000, o menor número de anos que contém um número inteiro de dias civis, supondo-se que o ano tenha a duração de 365,25874 dias. (Isso se aproxima do número moderno de 365,25964 dias para o ano medido do ponto da órbita terrestre mais próximo do Sol e retornando ao mesmo ponto.) Mais tarde, Ariabata I usou o valor de 1 728 000 para o que é conhecido como a Idade de Ouro, 1 296 000 anos para a Idade de Prata, enquanto a metade e um quarto da Idade de Ouro dava como resultado outros ciclos. Considerava-se que o último desses períodos, 432 000 anos — a Idade de Ferro —, teria começado a 17 ou 18 de fevereiro de 3102 a.C., quando os planetas estavam todos em conjunção (juntos no céu); esse período era visto como um ciclo ao fim do qual os planetas estariam novamente em conjunção.

Os budistas também usavam ciclos longos de tempo, indicando períodos para a destruição e o renascimento cíclicos do universo. Concebiam também uma pluralidade de universos, cada qual construído no padrão do babilônico: a Terra circundada por um oceano além do qual havia uma cadeia de montanhas que suportavam o céu. Mas, quer os ciclos fossem budistas ou hindus, envolviam números muito grandes, e sua escrita e manuseio eram um dos requisitos que o astrônomo indiano exigia da matemática.

A matemática indiana era, em grande medida, numérica e algébrica, tal como a chinesa, embora se tenha feito algum trabalho em geometria, principalmente sobre os volumes de vários sólidos. No princípio, a matemática indiana era puramente prática; pesos e medidas eram regularizados em Mohenjo-Daro, e presumivelmente todas as cidades da cultura de Harappa tinham semelhante — se não a mesma — padronização. Os primeiros numerais escritos que usaram foram traços verticais reunidos em grupos, mas essas "varetas de contagem" não pareciam apresentar uma mudança sistemática nas dezenas, embora a contagem em dezenas tenha sido certamente adotada pelos hindus védicos. Eles tinham palavras específicas para números muito grandes — até 10^{12} ou 1 milhão de milhões —, dando aos múltiplos maiores do que isso mais de uma palavra, tal como acabamos de fazer ao descrever 10^{12}. Entretanto, jainistas e budistas usavam números ainda maiores, e termos especiais eram encontrados para 10^{29} e 10^{53}, pois estes números estavam ligados ao renascimento cíclico do universo.

ASTRONOMIA E MATEMÁTICA

Mais uma vez como os chineses, os hindus pareciam não ter dificuldades com números irracionais, e calculavam as raízes quadradas de 2 e 3 com certo número de casas decimais; estavam, naturalmente, bem cientes de que seus valores não eram exatos. Os matemáticos hindus também conheciam a relação entre a diagonal do quadrado e seus lados; em outras palavras, estavam familiarizados com a relação pitagórica entre os lados do triângulo retângulo. Afirma-se também que conheciam os binômios e os coeficientes que surgiam e eram capazes de escrevê-los, usando sílabas curtas e longas, desde o século III a.C. Diz-se também que desde essa época conheciam o triângulo de Pascal, mas não parece haver qualquer texto que mostre isso diagramaticamente, e assim o pioneirismo em relação ao triângulo — se não também no reconhecimento do padrão dos coeficientes — ainda pertence aos chineses.

Sobre os números irracionais chineses, ver página 31; sobre a descoberta do triângulo de Pascal, ver página 34. Sobre a origem do conceito do zero, ver página 30; sobre a transmissão dos algarismos hindus para o islamismo, ver páginas 107-108; e para a Europa, ver volume III, capítulo 7, "Matemática".

Da mesma forma que a astronomia hindu, sua matemática também conheceu grande progresso nos séculos VI e subseqüentes. Como dissemos no capítulo anterior, por volta dessa época os hindus tinham um sinal para o zero, embora provavelmente não o tenham inventado, realmente. Foi introduzida a notação do valor decimal, e os números sânscritos tomaram uma forma muito conveniente, próxima do nosso modo atual de escrever números. Os numerais hindus foram adotados na matemática muçulmana por Al Khwarizmi, no século IX d.C., e trezentos anos depois penetraram na Europa, quando Adelardo de Bath começou a traduzir trabalhos árabes para o latim; foi por essa razão que se tornaram conhecidos como numerais arábicos, embora sua origem tenha sido, realmente, hindu. Uma série de notáveis matemáticos trabalhou durante esse tempo, especialmente Ariabata I e Bramagupta, que viveu um século depois dele. Ariabata calculou o valor de π até a quarta casa decimal e preparou tabelas de cordas e arcos do círculo para linhas inclinadas sobre outras de diferentes graus. Elas eram úteis particularmente nos cálculos astronômicos, embora, com o posterior desenvolvimento da trigonometria pelos árabes, viessem a ser substituídas por valores mais convenientes, como senos, co-senos e tangentes, empregadas ainda hoje. Ariabata e seus sucessores também se ocuparam das relações entre triângulos traçados em uma esfera, mais do que em uma superfície plana, e chegaram perto da trigonometria esférica.

Bramagupta produziu uma quantidade considerável de trabalhos matemáticos, e talvez seja o mais conhecido de todos os matemáticos hindus. Seus principais estudos são as regras para encontrar o volume do prisma, para calcular figuras de quatro lados inscritas e circunscritas em círculos e, acima de tudo, sua soma de séries. Em relação à última, preparou regras para achar os totais das somas de números quadrados e cúbicos e a soma de qualquer número de termos de uma progressão aritmética simples em que o primeiro termo seja 1 (por exemplo, uma progressão como 1, 2, 3, 4, 5...). Assim, não importa o número de termos, Bramagupta elaborou a fórmula para se calcular o valor caso se conheçam o primeiro e o último termos, e a diferença entre um termo e o seguinte.

Os matemáticos hindus tinham uma inclinação pelos números, mais que pelas formas, pela aritmética e pela álgebra, mais que pela geometria, e a astronomia hindu preocupava-se principalmente com os resultados práticos do trabalho teórico de seus astrônomos. Necessitava-se de tabelas para determinar o calendário e para a astrologia. Com tal objetivo, não seria, talvez, motivo de surpresa que não se tenha feito qualquer descoberta deslumbrante. O que se fez foi compilar e modificar o conhecimento astronômico recebido de outras civilizações e, no momento oportuno, passá-lo para o islamismo, onde lhe foi dado um uso significativo.

Química e física

O conhecimento de química na Índia surgiu em primeiro lugar com referência a assuntos puramente práticos. A cerâmica era produzida e aquecida e os pigmentos, preparados, mas o mais significativo desses usos primitivos da química foi na fusão do ferro, que provavelmente começou na Índia entre 1050 e 950 a.C. Um milênio e meio depois, os fundidores hindus eram capazes de fundir alguns pilares de ferro que se tornaram famosos. Um deles, ainda em Deli, tem uma altura de mais de 7 metros, com outro meio metro abaixo do solo e um diâmetro que varia de 40 centímetros a mais de 30; pesa mais de 6 toneladas, é feito de ferro forjado e sua fundição teria sido considerada impossível, naquele tamanho, na Europa, até época relativamente recente. Mas a coisa mais notável, talvez, nesse e em outros pilares de sua espécie, é a ausência de deterioração ou de qualquer sinal de ferrugem. O motivo, não se sabe ao certo até hoje, embora pareça que isso se deva à formação de uma camada de óxido magnético de ferro na superfície, resultante do tratamento original da superfície.

Ilustração à página 93

Nada, até agora, indica que houve qualquer tentativa de pesquisa química; para a fusão do ferro, a cerâmica, a tinturaria, a fabricação de vidro, a manufatura de pigmentos e todos os outros usos práticos do conhecimento químico, não havia qualquer teoria subjacente, qualquer tentativa de pesquisar a natureza do processo. O interesse centralizava-se no produto e apenas no produto. As coisas pareceram mudar, contudo, no século VII d.C., quando os budistas tântricos estavam encontrando apoio em todos os níveis da sociedade, pois foi nessa época que a alquimia entrou em cena; isso ocorreu muito tarde, em comparação com outras civilizações, e foi claramente uma importação de outra civilização. Entretanto, as mentes hindus e budistas deram sua própria contribuição à alquimia, e o assunto teve rápido crescimento, concentrando-se, por um lado, no simbolismo macho-fêmea e, por outro, na importância do mercúrio. A busca de um elixir da imortalidade não parece ter atraído os alquimistas indianos, como ocorreu com os taoístas chineses, embora essas idéias tenham surgido realmente na medicina indiana; mas um esforço considerável foi realizado na preparação de substâncias que aliviassem as moléstias que afligiam a humanidade. É interessante notar que, embora os minerais fossem amplamente usados na alquimia, seu emprego nas preparações medicinais tinha sempre — assim pensavam os hindus — que ser temperado com ingredientes herbáceos, que "digeririam" o mineral. O progresso da alquimia foi acompanhado pela criação de laboratórios com suas fornalhas, retortas e, acima de tudo, seus alambiques para a extração de essências, e talvez seja significativo o fato de que os alquimistas indianos pareçam ter adotado o alambique da Ásia Oriental em vez do tipo alexandrino. Isso talvez seja uma evidência das origens da alquimia indiana — houve contato entre a Índia e a China, por meio das instituições do budismo, desde o século I d.C.

Sobre as idéias taoístas, ver páginas 19-20.

Do século IV d.C. até cerca do século XI, a ciência indiana fez seu maior progresso, e foi na última parte desse período que idéias jainistas e budistas estimularam o que era um novo conceito na ciência indiana — uma teoria atômica. Uma teoria de quatro elementos, associada a uma quinta essência celeste, foi adotada por longo tempo — era uma importação da Grécia —, mas agora a formação dos corpos a serem encontrados no mundo natural era descrita em um contexto atômico. A teoria atômica indiana postulava que cada um dos quatro elementos tinha sua própria classe de átomos, sendo todos indivisíveis e indestrutíveis. Átomos diferentes não podiam entrar na combinação, mas átomos semelhantes, sim, contanto que estivessem na presença de um terceiro. Dois átomos podiam causar um "efeito" (um *dyad),* enquanto três desses efeitos podiam produzir um efeito de outra natureza (um *triad).* Assim, a causa produzia um efeito, mas era imediatamente absorvida pelo efeito que fizera surgir, o qual, por sua vez, assumia a função de causa, e assim a seqüência continuava. O modo pelo qual os primeiros efeitos *(dyads)* eram arrumados em um *triad* dava origem, como se pensava, às diferentes qualidades de uma substância.

Ilustração à página 150

No Ocidente, ao que sabemos, uma teoria atômica foi proposta por Demócrito e Leucipo, e apresentada, com grande discernimento, por Lucrécio, mas a teoria indiana, com seus *dyads* e *triads,* era não só mais complexa, mas também mais sutil. Com sua descrição de efeitos e causas, era ímpar entre as idéias atômicas primitivas, e atraiu pensadores e homens de ciência indianos até o século XVIII.

Sobre os atomistas gregos, ver volume I, páginas 83-86.

Outro aspecto da física indiana que deve ser mencionado é a teoria do ímpeto, proposta para justificar o movimento contínuo de um corpo. Esse foi um dos problemas que os gregos não conseguiram resolver com o habitual sucesso. Devido ao seu conceito de movimento natural e violento, Aristóteles foi forçado a considerar a pressão do ar como o meio pelo qual o movimento de um corpo continuava, uma vez que tivesse recebido um impulso inicial. O que o ponto de vista indiano sugeria era que, quando um corpo experimenta pela primeira vez a força que o põe em movimento, a própria aplicação dessa força comunica uma qualidade, *vega* ou ímpeto, que faz com que o corpo continue a se mover da mesma maneira. Quando o corpo encontra um obstáculo, pára ou continua a se mover, embora mais devagar; a redução da velocidade depende da neutralização do ímpeto pelo obstáculo: a completa neutralização resulta, naturalmente, numa parada.

Essa doutrina do ímpeto foi uma notável contribuição aos pensamentos e explicações a respeito do movimento dos corpos. No Ocidente, a doutrina aristotélica, apesar de todas as suas falhas, foi mantida até o século XIV d.C., embora, é verdade, tenham surgido uns poucos espíritos pioneiros que ousaram questioná-la. No século XIV, desenvolveu-se uma teoria do ímpeto, mas sua dívida para com a teoria indiana não está bem esclarecida. O que *está* claro, porém, é que aquilo que os indianos propuseram foi um antecessor do que mais tarde foi desenvolvido matematicamente no Ocidente durante a Revolução Científica.

Sobre uma crítica medieval tardia da teoria aristotélica do movimento, ver páginas 155-156.

Ciências médicas e biológicas

No que diz respeito à medicina, o povo do vale do Indo dava grande valor à higiene, como o testemunham as escavações em Mohenjo-Daro; depois disso, os médicos védicos desenvolveram técnicas para lidar com grande variedade de doenças, levando os velhos ensinamentos, presumivelmente, alguns estágios adiante. Eles acreditavam que as moléstias tinham, muitas vezes, causa hereditária, embora também ensinassem que as mudanças de estações traziam algumas formas de doenças e — ainda mais interessante — que outras se deviam a pequenos organismos que viviam no interior do corpo; infelizmente, não houve uma tentativa de classificar as moléstias. O tratamento envolvia remédios preparados com ervas, muitas vezes temperados com minerais e com partes de animais, conquanto, naturalmente, rituais, feitiços e encantamentos tenham tido seu lugar. Além disso, do século II a.C. em diante, a prática da ioga também foi aceita como forma de cura física. No entanto, em tudo isso fica claro que, embora tenha havido pouca sistematização médica formal, os que praticaram a medicina fizeram muitas observações, criando seus próprios termos técnicos, de tal forma que, no momento apropriado, houve material bastante para elaborar o grande tratado médico básico hindu, o *Ayurveda*, que parece ter sido compilado há aproximadamente 2 000 anos.

No *Ayurveda*, a idéia de que a doença é um desequilíbrio que ocorre no corpo é o tema central, mas o livro contém muitas alterações feitas à luz de experiências posteriores e é, realmente, um compêndio de prática médica, um corpo hipocrático hindu. O tratamento de doenças é um processo em duas vias: a eliminação dos ingredientes que, dentro do corpo, estão causando a falta de equilíbrio e sua substituição por outros, harmoniosos. O texto mostra também algum conhecimento do sistema digestivo — o alimento é ingerido, queimado (pelo "fogo no estômago") e então transformado em sangue, músculos, gorduras, tutano dos ossos ou sêmen — e talvez tenha sido esse ponto de vista que tenha dado origem à idéia de tratar as doenças pela remoção e substituição de substâncias deletérias. O texto inclui ainda detalhes de tratamentos cirúrgicos, e muitas operações foram realizadas, particularmente do abdômen e da bexiga (para a remoção de cálculos), ao mesmo tempo em que se realizava também a remoção de cataratas. Além disso, os médicos hindus sabiam como os vasos sanguíneos deviam ser fechados depois de cortados, e até realizaram cauterizações. Na verdade, parece que foi nos tratamentos cirúrgicos que a medicina hindu atingiu um alto estágio.

Há amplas provas de que, no vasto campo da biologia, os hindus védicos reuniram considerável coleção de fatos sobre a forma, estrutura e disposição interna das plantas. Tinham nomes para a raiz, os brotos, o caule, as folhas, as flores, os frutos e os ramos, e dividiam as plantas em três grandes grupos: árvores, ervas e plantas rasteiras. As ervas, que tinham tão grande uso medicinal, eram depois subdivididas em sete classes com base em sua forma detalhada, sua estrutura e outras características. E o trabalho realizado com as plantas também se aplicou ao meio animal, pois a literatura védica contém mais de 260 nomes de mamíferos, pássaros, répteis, peixes e insetos, além de mencionar as espécies venenosas que causam doenças no gado e no homem. Os animais domésticos incluíam a vaca, o búfalo, o cavalo, a ovelha, o bode, o gato e o cão, e — o que era exclusivo do subcontinente indiano — o elefante.

O conhecimento biológico posterior incluiu outros estudos das plantas e da vida animal, grande parte das indicações sobre isso sendo encontrada em poemas e na literatura dramática, assim como em fontes mais usuais, como enciclopédias e trabalhos de tendência mais filosófica. Estudou-se a germinação das plantas, e no século V d.C., Prasastapada sugeriu uma classificação baseada no fato de a reprodução ser sexuada ou não. Ainda mais tarde, no século XIII, foram publicadas outras descrições de animais, estimuladas pela paixão real da caça, ao passo que, desde o princípio do século XVI, os imperadores da dinastia mogul, fascinados por todas as espécies de animais, domesticados ou selvagens, foram responsáveis pela acumulação de uma enorme quantidade de conhecimentos zoológicos e encorajaram experiências na criação. As plantas também desempenharam seu papel nessa tomada de consciência biológica.

Ilustração à página 95

Conclusão

No período anterior à revolução científica, a ciência hindu apresentou uma série de contribuições originais que viriam a ser significativamente desenvolvidas na China, no mundo muçulmano ou na Europa. No entanto, talvez em razão do tom religioso predominante na civilização indiana, nunca se transformou numa ciência avançada, e durante os últimos duzentos anos, as manifestações científicas no subcontinente indiano têm mostrado um sabor basicamente ocidental. A Índia deu algumas contribuições importantes à ciência do século XX, notadamente o trabalho matemático de Srinivas Ramanujan (1887-1920) sobre a teoria dos números e o do físico Chandrasekhara Raman (1888-1970). Os estudos de Raman sobre a difusão da luz nos cristais abriram uma nova perspectiva a respeito do comportamento de suas moléculas, enquanto ele próprio se dedicou a fomentar o crescimento da ciência na Índia contemporânea.

Capítulo 5

Ciência árabe

A história da ciência na Arábia é, em grande parte, a história da ciência no mundo muçulmano. Contudo, não é bem assim, pois a ciência deu seus primeiros passos alguns séculos antes do tempo de Maomé na terra que viria a ser o berço da civilização muçulmana, e alguns de seus praticantes foram homens de outros credos e raças.

A religião islâmica originou-se na península arábica e foi permeada pela cultura e a língua árabes em toda a sua história. Entretanto, hoje ela está espalhada por uma enorme área, que inclui o Oriente Próximo, a Ásia central, o norte da África e partes do sudeste asiático, enquanto em outros tempos floresceu na Espanha e nos Bálcãs. O islamismo, conseqüentemente, desempenhou um papel decisivo na história mundial, tanto como importante civilização, por pleno direito, quanto como intermediário entre as civilizações da Antiguidade e as do início do mundo moderno. Esse duplo aspecto da contribuição do islamismo se reflete na história da ciência.

Para a nossa finalidade, vamos nos concentrar principalmente na chamada idade de ouro do islamismo, do século VIII ao século XI, quando culturas islâmicas floresciam na Espanha, no norte da África, na Síria e no Irã. O fim dessa idade de ouro, que começou em 718 e terminou em 1492, foi marcado pelo despertar da cristandade, que expulsou os árabes da Espanha durante a Reconquista. Esse foi o período mais brilhante do trabalho científico do mundo muçulmano.

História inicial do islamismo

As origens do islamismo se entrelaçam com a história da península arábica, que, com o declínio do Império Romano, constituiu importante encruzilhada das rotas mercantes entre o Mediterrâneo e o oceano Índico e entre o norte da África e a Ásia ocidental. Sua sociedade era composta por diversas tribos nômades desunidas, além de uma série de bases de comércio, muitas vezes com caráter cosmopolita. Entre elas estavam Meca, já um centro de peregrinação, e Medina.

A religião islâmica surgiu quando Maomé, filho de uma família de mercadores, teve uma visão do anjo Gabriel, em que foram feitas as revelações que ele enfeixou num livro sagrado, o Alcorão, e aceitou o papel de profeta do único deus verdadeiro, Alá. Por diversas razões, seus ensinamentos foram considerados inaceitáveis pela elite governante de Meca e, em 622 d.C., ele deixou essa cidade, dirigindo-se para Medina. A data dessa fuga, conhecida como Hégira, é tradicionalmente considerada o início da era muçulmana. Em Medina, Maomé realizou inúmeras convenções e, quando marchou de volta a Meca, em 630, tomou-a virtualmente sem derramamento de sangue. Morreu dois anos depois, mas seus seguidores continuaram a difundir seus ensinamentos e rapidamente conseguiram realizar a notável tarefa de unir as disparatadas tribos da península arábica. A seguir, empreenderam uma extraordinária expansão na Síria, depois através da Ásia ocidental e norte da África, conseguindo apelar para os povos dominados, cansados das lutas entre o Império Bizantino e a dinastia sassânida, na Pérsia. Essa expansão foi desencadeada pela idéia de Maomé de um *jihad,* ou guerra santa; e por volta de 750 d.C. os muçulmanos já controlavam um império que se estendia da Espanha ao Indo.

Apesar de seu zelo missionário e de seus ensinamentos muitas vezes ferozmente puritanos, os conquistadores islâmicos estavam preparados para aceitar as culturas de suas novas conquistas e as cortes que estabeleceram assistiram a uma fusão notável das artes e do conhecimento nativos com o estilo muçulmano. Desse modo, herdaram, entre outras coisas, a ciência dos gregos das muitas cidades helenísticas, assim como a cultura da Pérsia sassânida. A idade de ouro da cultura islâmica emergiu após o término da expansão, embora outro florescimento devesse ocorrer mais tarde, em Istambul, depois que os turcos otomanos conquistaram a velha capital bizantina, em 1453.

O Islã nunca foi uma entidade inteiramente unificada, em termos religiosos ou políticos. Desde muito cedo, o credo foi dividido em duas seitas, o sunismo e o xiismo, inicialmente numa disputa que envolvia a sucessão de Maomé como califa, ou líder da fé. Essa divisão adquiriu, mais tarde, uma dimensão teológica e geográfica, pois os xiitas ficaram confinados principalmente ao Irã, onde herdaram a velha cultura persa. Houve divisões posteriores, depois que a dinastia umaiada, que conduziu a grande expansão do islamismo além da Arábia, foi destronada pelos abácidas, que construíram uma nova capital em Bagdá. Enquanto isso, uma dinastia umaiada ainda floresceu na Espanha e uma dinastia fatímida governou o Egito. Mais tarde, os mongóis que invadiram a Ásia central, no século XIII, também abraçaram o islamismo, assim como os turcos otomanos, que atingiram preeminência pouco depois.

Apesar dessas diferenças, o islamismo manteve uma unidade essencial em suas culturas, preservada, em parte, pela própria religião e, em parte, pela consciência das origens árabes comuns do movimento, que eram mantidas no uso da língua e da escrita árabes por todo o mundo islâmico. Essa língua provou ser um meio altamente flexível e apropriado para a expressão de conceitos científicos.

A ciência mais antiga da Arábia

Há dois aspectos na ciência islâmica: de um lado, as idéias científicas que foram importadas do estrangeiro e, de outro, a contribuição dos próprios árabes ao conjunto dos conhecimentos científicos. Esta última, a contribuição dos árabes, tem sido muitas vezes negligenciada em favor dos avanços mais estimulantes que iriam aparecer na Europa ocidental a partir do século XVI. A ciência na Arábia tem sido encarada com muita freqüência como uma simples operação de manutenção. A região árabe tem sido considerada como um grande depósito destinado a armazenar resultados científicos, que seriam conservados até que fossem requisitados para uso no Ocidente. Mas, naturalmente, trata-se de uma deturpação da verdade. Certamente os árabes herdaram a ciência grega — e também algo da ciência indiana e chinesa —, e, mais tarde, passaram-na para o Ocidente. Mas o papel deles não ficou restrito a essa função. Interpretaram a herança, comentaram-na e adicionaram análises valiosas de seu conteúdo; e, acima de tudo, contribuíram significativamente com suas observações. Na verdade, a Arábia produziu algumas mentes científicas originais; educou-as e encorajou-as a darem suas próprias contribuições. Assim, quando pensamos na dívida do Ocidente para com a cultura árabe, é importante apreciar ambos os aspectos — tanto o trabalho original quanto as idéias transmitidas em uma época anterior.

Desde o trabalho de Ptolomeu em Alexandria, em meados do século II d.C., a ciência grega sofrera forte estagnação. Só dois matemáticos dignos de nota apareceram em Alexandria: Diofanto, cerca de um século após Ptolomeu, e Papos, cem anos mais tarde. Diofanto escreveu sua *Arithmetica,* uma aritmética destinada a resolver problemas práticos, que apresentou grande engenhosidade na solução de equações de todos os tipos, inclusive aquelas em que as incógnitas excediam as equações montadas para a sua solução. Papos, por sua vez, escreveu um manual de geometria e aritmética gregas, acrescentando algumas descobertas, como um método de divisão de um ângulo em três partes iguais e a discussão de soluções geométricas para problemas relacionados com curvas — trabalho que só seria realizado no Ocidente 1300 anos mais tarde. Mas isso foi antes da destruição da Biblioteca e do Museu de Alexandria, na segunda década do século V. Embora a destruição dessas instituições fosse obra de cristãos, foi em parte devido a sábios cristãos que as perdas não foram mais drásticas, preservando-se alguma coisa do conhecimento grego. Isso aconteceu por dois fatores principais. Primeiro, os sábios da biblioteca estavam, havia longo tempo, conscientes da possibilidade da destruição — o ataque empreendido pela rainha Zenóbia, em meados do século III, comprovara a vulnerabilidade da biblioteca, e a multidão, instigada pelo bispo Cirilo à violência contra o saber pagão, provou isso —, de modo que começaram a deixá-la, levando material ou cópias de material da biblioteca.

Sobre a destruição da Biblioteca de Alexandria, ver volume I, página 124.

O outro fator foi a criação de uma escola em Édessa, cidade greco-romana no sul da Turquia, não muito ao norte da fronteira com a Síria. Organizada como escola teológica, basicamente para os sírios, tornou-se um paraíso para os cristãos nestorianos. Leais aos ensinamentos de Nestório, o patriarca de Constantinopla (Istambul) no século V, que sustentava que se deviam distinguir duas pessoas em Cristo, tais como se distinguem duas naturezas, foram condenados como hereges pelos ortodoxos no Concílio de Éfeso. Contudo, a Igreja Cristã do Irã aceitou a doutrina e rejeitou a condenação efesiana. Assim, os nestorianos encontraram segurança em Édessa. A importância dos nestorianos para nós não se deve à sua presença entre os estudiosos que contribuíram para a sobrevivência do ensinamento científico grego, mas também porque ajudaram a difundi-lo, traduzindo diversos trabalhos para o siríaco. Mais tarde, traduziram esses trabalhos para o árabe, pois, após o estabelecimento do islamismo, sua reputação como sábios ainda perdurava.

Quando a escola de Édessa foi fechada em 489, alguns nestorianos transferiram-se para o grande centro intelectual de Gondechapur, que fora criado pelo monarca sassânida Chapur II para o sábio grego Teodoro, que escrevera um tratado de medicina em pálavi (sistema de escrita persa organizado no século II a.C.), mas foi o influxo dos nestorianos que lhe deu uma reputação invejável. Outros cristãos das igrejas orientais também deixaram contribuições: no século VI, Sérgio, sacerdote monofisita e outro "herege" (os monofisitas reconheciam em Cristo apenas uma natureza, a divina), traduziu para o siríaco os trabalhos filosóficos de Aristóteles, bem como os do filósofo Porfírio (século III d.C.), de Galeno e vários tratados de agricultura. Depois, no século VII, Severo, bispo sírio, enalteceu a astronomia indiana e observou a excelência de seus cálculos, pois usavam nove sinais diferentes para os nove primeiros números; em outras palavras, porque usavam os numerais hindus. Isso era, na verdade, importante; marcava a introdução na Arábia do que mais tarde veio a ser chamado de algarismos arábicos, embora sua aceitação na matemática e na astronomia árabes por Al-Khwarizmi tivesse que esperar outros dois séculos.

Sobre o desenvolvimento dos algarismos hindus, ver página 76.

Severo também explicou os eclipses da Lua como seu desaparecimento temporário no cone de sombra da Terra, e em outro tratado siríaco, possivelmente de autor diferente, encontrava-se a descrição de um astrolábio grego. Um século mais tarde, outro bispo sírio, Jorge, escreveu a respeito do calendário. Mas esse foi o século que assistiu ao advento de Maomé e ao início da era muçulmana, período que não começou com um avanço cultural, mas com uma revelação religiosa, a conversão e — com a primeira dinastia muçulmana, a umaiada — o início de uma guerra santa que absorveu a Síria e todo o Oriente Próximo, estendendo-se ainda mais para leste e oeste. Mas, naturalmente, tal expansão não poderia continuar indefinidamente e, quando os abácidas tomaram o poder, houve um retorno ao cultivo das artes da paz.

O principal arquiteto desse renascimento foi o segundo califa abácida, Al-Mansur, que destruiu os últimos vestígios da resistência umaiada e é, em geral, considerado o verdadeiro fundador da dinastia abácida. Descrito como homem alto e magro, de barba rala, foi ele quem, em 762, lançou as fundações da nova capital em Bagdá. Entre seus sucessores, inclui-se o famoso Harun al-Rachid. Durante esse período formador do califado, textos astronômico-matemáticos recentes chegaram da Índia; eles também continham os algarismos hindus e deveriam exercer forte influência quando, mais tarde, foram traduzidos para o árabe. Foi o segundo filho de Harun al-Rachid, Al-Ma'mun, quem se encarregou disso.

Al-Ma'mun assumiu o poder em 813 e foi um governante prudente. Depois de alguns problemas no início de seu reinado, estabeleceu-se em Bagdá e demonstrou predileção pelo movimento dos mutazilitas, um grupo de defensores muçulmanos que acreditavam que a fé poderia ser apoiada por argumentos racionais e baseavam seu modo de raciocinar nos métodos usados, em primeiro lugar, pelos filósofos da Grécia e de Alexandria. Para difundir a causa mutazilita, havia necessidade de traduções de outros trabalhos gregos e alexandrinos; Al-Ma'mun, então, fundou em Bagdá a Bayt al-Hikmah, ou Casa da Sabedoria, para a qual recrutou um completo corpo de tradutores, muitos deles cristãos. Quando não existiam manuscritos dos mais importantes trabalhos, Al-Ma'mun mandava importá-los de Bizâncio. Também organizou observatórios para que os estudiosos muçulmanos pudessem verificar as observações astronômicas contidas nos antigos textos. Com Al-Ma'mun chegamos, então, ao princípio daquele renascimento cultural na Arábia que, mais tarde, veio a se demonstrar tão importante para o Ocidente, como para o desenvolvimento da ciência moderna.

Uma ampla gama de trabalhos, além das traduções, foi realizada na Casa da Sabedoria, e um dos mais antigos e influentes dos sábios liberais a trabalharem ali foi Abu Yusuf al-Kindi, algumas vezes chamado o "primeiro filósofo árabe". Nascido por volta de 801, e descendente de um ramo nobre da tribo kinda do Iêmen, ele chamou a atenção de Al-Ma'mun provavelmente por causa da constante preocupação deste em ter boas traduções dos trabalhos gregos e helenísticos e porque desejava o aprimoramento do estudo de filosofia e advogava o total acesso ao conhecimento científico acumulado no mundo antigo. Al-Kindi não se restringia à filosofia pura e teve grande interesse por vários ramos da ciência. Estudou óptica, embora se dedicasse mais ao seu aspecto geométrico — traçando os percursos dos raios de luz — do que ao experimental, e parece que aceitou os enfoques dos antigos gregos, embora tenha enfatizado a propagação linear, ou seja, que a luz viaja sempre em linha reta. Dedicou-se também aos estudos de geografia, geologia, meteorologia, astronomia e astrologia, assim como investigou relógios e instrumentos astronômicos e até mostrou interesse por fabricação de espadas. Escreveu sobre remédios e sua composição, observando que sua eficiência era proporcional aos elementos que os compunham e —

aspecto interessante — seu efeito não poderia ser reduzido à ação de apenas um dos constituintes, com a exclusão dos outros. Seria isso uma apreciação dos "efeitos colaterais"? Em todo caso, Al-Kindi percebeu que os efeitos qualitativos se deviam às quantidades dos componentes usados, e seus ensinamentos a esse respeito iriam ter grande efeito na Europa ocidental durante a Idade Média. Naturalmente, Al-Kindi não poderia pesquisar em profundidade todos os assuntos que lhe interessavam, mas ele estimulava outros e, embora não fosse perito em grego, sabia o suficiente para ajudar a desenvolver uma terminologia árabe das palavras técnicas gregas. Acreditava na extensão infinita do universo e no estudo da matemática — que, para ele, parecia significar basicamente a geometria — como introdução necessária para se adquirir qualquer outro conhecimento.

A especialidade de Al-Kindi estava no campo da filosofia pura. Tendo lido Aristóteles e Platão, estudou também Plotino, filósofo do século III d.C. e fundador do que se tornou conhecido como "neoplatonismo". Era a forma final da filosofia pagã grega, uma espécie de desenvolvimento unilateral de idéias encontradas em Platão, temperado com elementos de Aristóteles e dos estóicos (que sustentavam ser o universo governado pelo destino e, apesar disso, ser ainda racional), também com uma pitada de gnosticismo (forma antiga de teosofia que considerava que a matéria era o mal). O próprio Plotino parecia ter-se oposto ao credo gnóstico como um todo, mas certamente elementos dessa perspectiva foram incluídos em sua filosofia. O neoplatonismo não exerceu influência apenas no mundo árabe, mas nele pode ter estabelecido suas principais doutrinas. A filosofia — ou sua concepção imaginada por Plotino — pregava a existência de uma hierarquia de esferas de ser, a mais baixa das quais estava no tempo e no espaço e pode ser percebida pelos sentidos. As outras esferas, que derivam umas das outras, estão todas fora do espaço e do tempo. Cada qual estabelece sua própria realidade ao se voltar, em desejo contemplativo, para a que lhe é superior, que lhe implanta esse desejo. Assim, o universo neoplatônico é caracterizado por um duplo movimento — a saída e o retorno. Há também um grau decrescente de unidade quando se desloca da esfera mais elevada para as inferiores, pois cada esfera é uma imagem, em nível inferior, da que está acima, e quando se desce a escala torna-se evidente um grau maior de multiplicidade, de separação e de limitação; no nível mais baixo, aparece a separação em átomos do nosso mundo espaço-temporal. A esfera mais alta do ser, da qual tudo o mais deriva, é, ela própria, derivada do princípio último. Este transcende tudo o mais; está "além do ser" e pode ser chamado de "Deus Último". É absolutamente simples e destituído de quaisquer traços específicos. Só pode ser conhecido quando se eleva a mente à união com ele mesmo, e não pode ser imaginado ou descrito.

Sobre o papel do neoplatonismo no pensamento hermético durante a Renascença, ver volume III, capítulo 7, "Hermetismo".

A perspectiva neoplatônica exerceu uma atração imediata, e Al-Kindi a soldou firme e seguramente às idéias islâmicas. Na Casa da Sabedoria e em Bagdá, onde se reviviam os ensinamentos dos gregos, um casamento de filosofias era extremamente necessário se não se quisesse causar uma oposição dos muçulmanos ortodoxos à assimilação do conhecimento pagão. Precisava-se soldar diversas perspectivas; e Al-Kindi conseguiu isso. Como tutor do filho do califa seguinte, Al-Mu'tasim, sua influência foi imensa nos círculos da corte, e embora no fim de sua vida invejas mesquinhas o tenham destituído de sua posição preeminente, seu trabalho já havia florescido. Ele pode ter sido apenas o que um historiador descreveu como "um inovador com um traço arcaico", mas ajudou a impulsionar o grande movimento intelectual que deveria florescer na ciência islâmica.

Astronomia

Com a fundação, por Al-Ma'mun, de observatórios, assim como da Casa da Sabedoria, e com o influxo dos textos astronômicos gregos, estava montado o palco para o sério desenvolvimento de uma astronomia islâmica, intimamente ligada aos avanços islâmicos no campo da matemática. De fato, logo após a criação da Casa da Sabedoria, os astrônomos começaram a trabalhar. Alguns, como Habach al-Hasib e Al-'Abbas al-Jawhari, estavam mais interessados nos aspectos matemáticos, embora Al-Jawhari tenha feito algumas observações relacionadas à astronomia. Entre os mais importantes astrônomos do princípio do século IX estava Abu Ja'far Muhammad ibn Musa al-Khwarizmi. Suas principais contribuições foram na matemática, mas ele escreveu sobre astronomia e era profundo conhecedor do *Almagesto,* de Ptolomeu. Preparou um conjunto de *zij* (tabelas astronômicas) de futuras posições planetárias e estelares chamado *Zi jal-sindhind,* pois era baseado em algumas tabelas hindus, ou *siddhanta,* que chegaram a Bagdá. Com influência das tabelas originais de Ptolomeu, são o primeiro trabalho astronômico islâmico a sobreviver de forma quase integral. Al-Khwarizmi escreveu também sobre o astrolábio grego, instrumento que o Islã tomaria como seu. Construído de latão, era chato e circular. No centro havia um disco gravado com linhas indicadoras, cujas posições eram formuladas matematicamente. Esse disco girava num recipiente do qual um dos lados tinha uma cercadura de pequenas peças de latão que terminavam em pontas que representavam as estrelas. Rodando o disco interior, era possível achar os tempos do nascente e do poente dos corpos celestes e determinar a ocorrência de outros eventos astronômicos. Para esses efeitos, o astrolábio funcionava como um computador gráfico. O outro lado do recipiente tinha escalas e um braço com visor. Assim, com seu auxílio, podia-se determinar a altitude de um corpo celeste e, mantendo o instrumento na horizontal, o seu azimute (isto é, sua posição ao longo do horizonte, medida a partir do norte verdadeiro). Esse modo de medir posições celestes, usando

Ilustração à página 117

altitude e azimute, era um sistema especificamente árabe, e, de fato, a palavra "azimute" é de origem árabe.

Outro astrônomo de Bagdá foi Abul-al-'Abbas al-Farghani, que também escreveu sobre o astrolábio, um livro superior tecnicamente ao de Al-Khwarizmi, tratando não apenas da teoria matemática básica do instrumento como também corrigindo construções geométricas incorretas do disco central, que eram comuns naquele tempo. Al-Farghani também escreveu um livro mais abrangente sobre astronomia, um comentário crítico sobre a *zij* de Al-Khwarizmi e um comentário sobre o *Almagesto*. Este é a obra mais importante, pois deu, em árabe, um relato completo da astronomia ptolomaica, em texto claro e bem-organizado que gozou de considerável popularidade.

Se Al-Farghani foi mais um teórico que um observador prático, esse também é o caso de outros dos astrônomos-matemáticos da Casa da Sabedoria, o árabe mesopotâmico Thabit ibn Qurra, que foi mais um matemático que um astrônomo — e vamos falar dele nesse contexto —, mas também escreveu sobre astronomia, assim como demonstrou profundo conhecimento de grego, siríaco e árabe. Em sua juventude, foi cambista em Harran, sua cidade natal, mas Ibn Shakir, matemático islâmico, ao passar pela cidade, ficou tão impressionado com suas habilidades que o persuadiu a ir para Bagdá. Nessa cidade Ibn Qurra escreveu sobre o relógio de sol e fez um cuidadoso estudo sobre o movimento aparente do Sol através do céu, observando, em particular, sua aceleração e desaceleração em diferentes épocas do ano. Também estudou o movimento da Lua em relação às estrelas e concluiu que havia um movimento até então desconhecido na trajetória do Sol. Isso afetava não só a precessão dos equinócios, como também o ângulo formado entre a trajetória do Sol (a eclíptica) e o equador celeste. As mudanças que Ibn Qurra pensava ter descoberto podiam ser descritas assim: os equinócios descreviam um pequeno círculo no céu a cada 4 000 anos; dessa forma, a eclíptica parecia tremer, e foi por isso que o efeito se tornou conhecido como "trepidação". Com o círculo da trepidação tendo um diâmetro de 8 graus, esse novo fator afetou substancialmente todas as tabelas astronômicas subseqüentes, não apenas na Arábia como também na cristandade ocidental, durante a Idade Média. Somente no fim do século XVI, com as observações astronômicas mais precisas que estavam sendo realizadas na Dinamarca por Tycho Brahe, é que a trepidação da eclíptica de Ibn Qurra demonstrou ser uma quimera.

Sobre Tycho Brahe, ver volume III, capítulo 8, "O universo da precisão".

De todos os antigos astrônomos árabes, o maior e justamente o mais famoso foi, sem dúvida, Abu 'Abdallah al-Battani. Ele também parece ter nascido em Harran, e veio de uma família de sabeus, isto é, crentes de uma antiga religião que continha muito da antiga teologia astral e de conhecimento das estrelas dos povos mesopotâmicos. Thabit ibn Qurra pertencia também a essa seita religiosa, e o fato de essa ter sido uma das muitas religiões que eles permitiam coexistir com o islamismo demonstra a tolerância dos governantes muçulmanos; essa seita morreu, contudo, durante o século XI. A afirmação de

Sobre a astrologia babilônica, ver volume I, páginas 49-51.

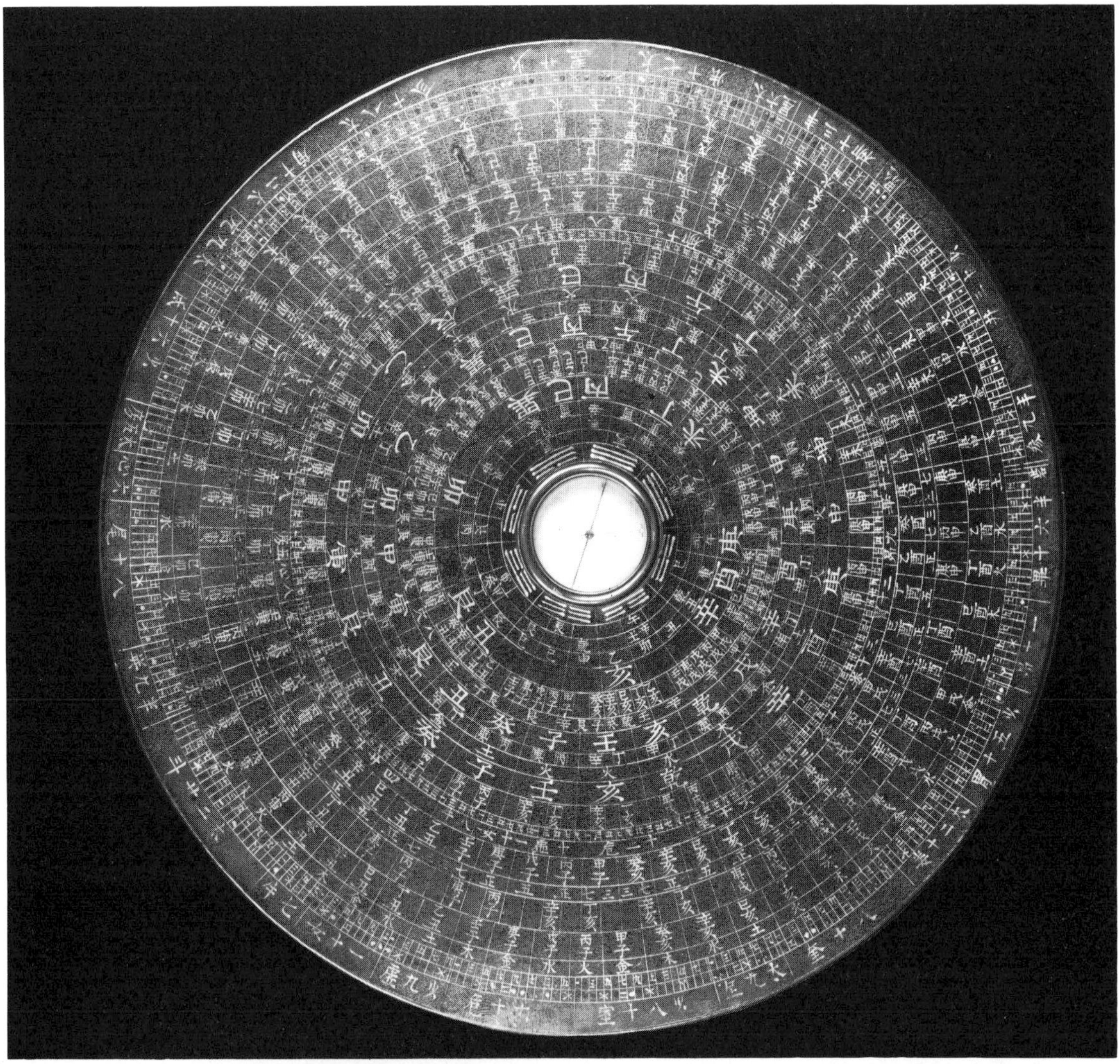

Acima. Bússola chinesa usada na geomancia e no projeto de edifícios públicos. A geomancia era um meio de adivinhação que utilizava figuras e linhas. Museu da Ciência, Londres.

À esquerda. Bússola marítima chinesa do século XIX. Museu da Ciência, Londres.

À direita. Vaso ritual de bronze para vinho, com três pernas, da dinastia Chang, feito de chumbo fundido com antimônio. Rijksmuseum, Amsterdam.

Abaixo e abaixo à direita. Refinação ou copelação da prata para eliminar o chumbo e outras impurezas. Essa técnica data pelo menos do século III a.C. e é um dos muitos processos químicos dos quais os chineses tiveram boa experiência prática desde cedo. Ilustração extraída de *A exploração dos trabalhos da Natureza*, 1637 d.C.

À esquerda. Pintura em seda de dois mainás, do princípio do século XV, enfatizando como, além da anatomia e da botânica acuradamente observadas, os chineses mostravam grande interesse pelo comportamento animal e pelo relacionamento entre fenômenos individuais. Museu de Arte Fogg, Universidade de Harvard, Cambridge, Massachusetts. Doada pelo dr. Denman W. Ross.

À esquerda. Pintura de duas garças, século XV. A observação detalhada e precisa é acompanhada de grande sensibilidade artística. Museum für Ostasiatische Kunst, Colônia.

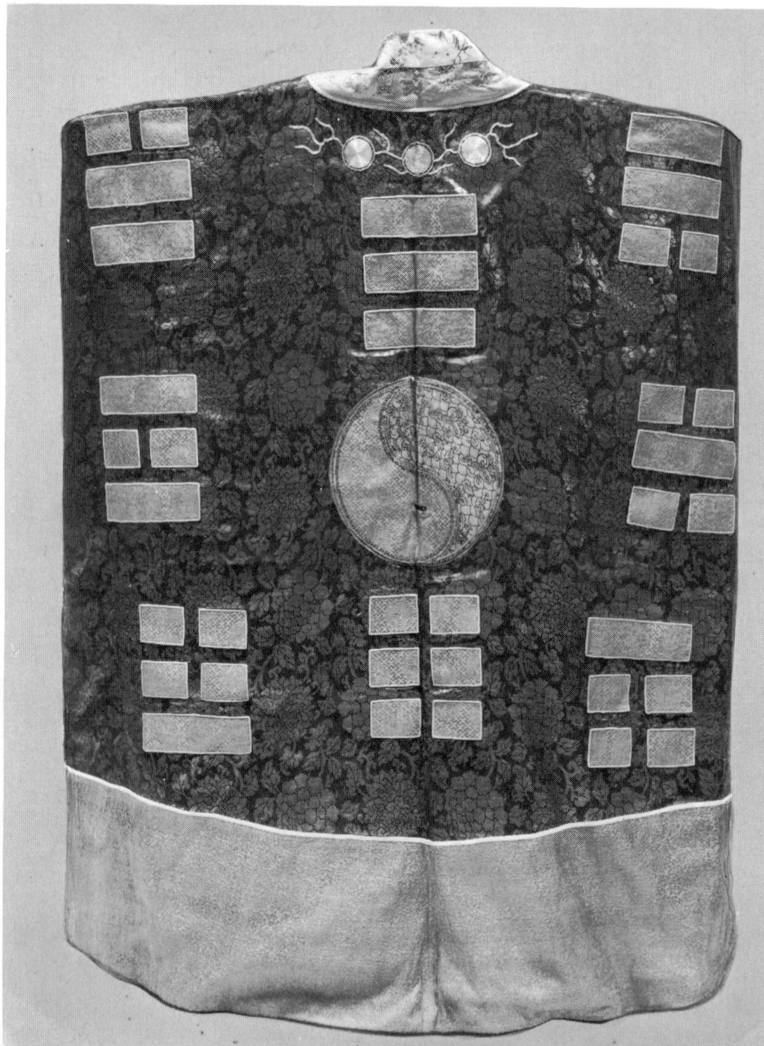

À direita. Traje de sacerdote taoísta do século IX d.C. Seus motivos incluem, ao centro, o símbolo Yin-Yang, as duas forças fundamentais e os oito trigramas místicos, derivados do *I ching* e ligados aos cinco elementos. Museu Metropolitano de Arte, Nova York. Doado por Joseph J. Asch, 1936.

À direita. Pintura das Cinco Montanhas Sagradas. Eram associadas aos cinco elementos, enquanto as Quatro Montanhas dos Pontos Cardeais eram consideradas como tendo sido esboçadas a partir de um quadrado exato. Museu do Palácio Nacional, Taipé.

À esquerda. Ruínas de Mohenjo-Daro. Essa velha cidade do vale do Indo, de 4 000 anos, foi cuidadosamente traçada, com ruas pavimentadas e casas drenadas.

À esquerda. O pilar de ferro de Deli, ainda sem ferrugem, desde o século IV d.C. Não há certeza se isso foi uma excentricidade ou se representa um inusitado grau de conhecimento metalúrgico. É, porém, muito mais significativo do que qualquer coisa semelhante que pudesse ser reproduzida no Ocidente naquela data.

À direita. Seleção de selos de Mohenjo-Daro, mostrando uma variedade de representações de animais, detalhadas, naturalistas e realistas. Acima, Museu Nacional de Arqueologia, Karachi. Abaixo, Museu de Antiguidades da Ásia Central, Nova Deli.

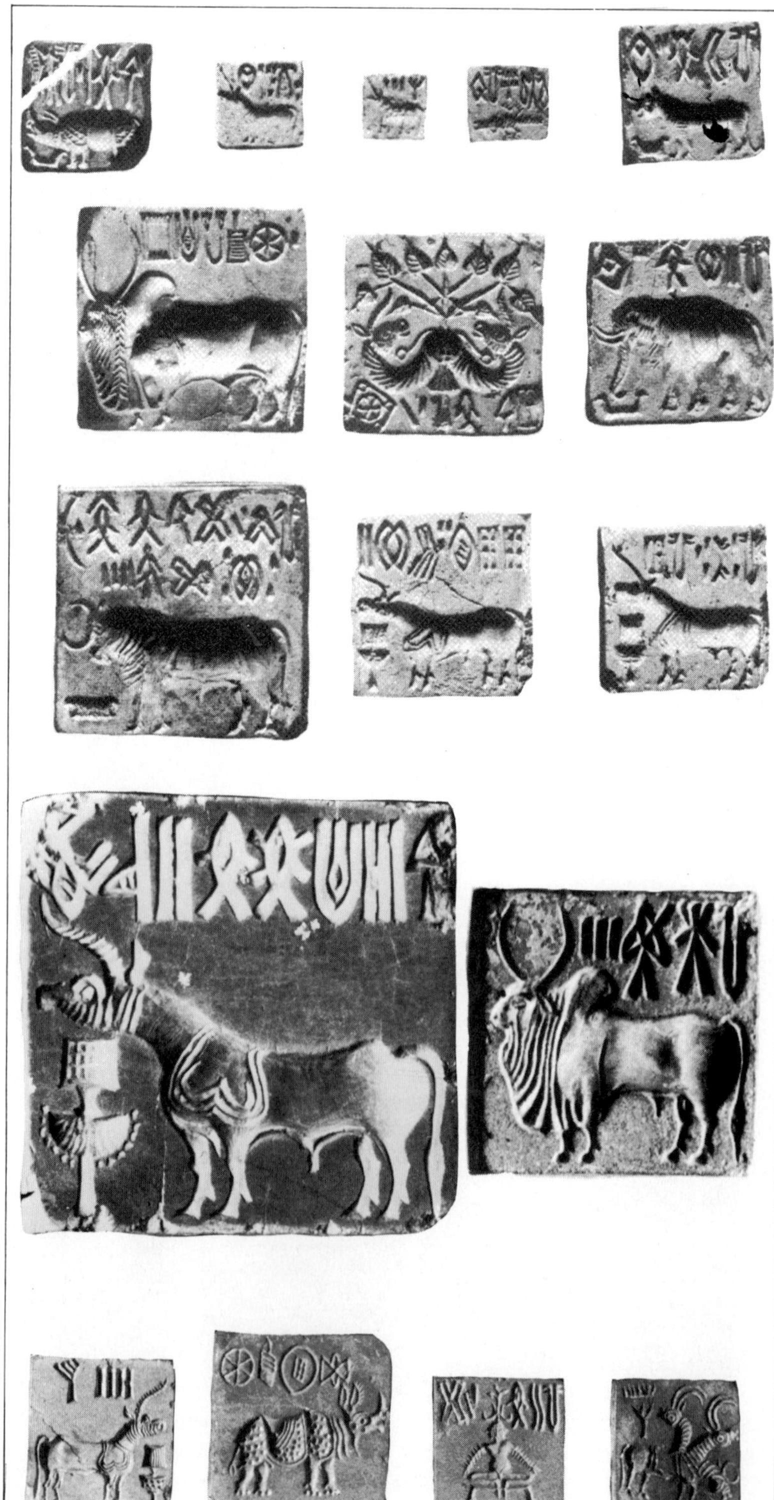

Página oposta, acima. Quatro cervos esculpidos na parede de um templo-caverna em Ajanta, no Estado de Maharashtra, Índia, escavado entre os séculos I e VII d.C.

Página oposta, abaixo. Pintura mural de dois touros em luta, de Ajanta.

À esquerda. Estátua do Buda, século II d.C. No campo científico, o budismo contribuiu apenas com alguns conhecimentos de medicina e uma teoria atômica. Museu Indiano, Calcutá.

Abaixo. Um dos quadrantes de pedra do Observatório de Jai Singh, em Jaipur, construído entre 1728 e 1734. Outros instrumentos incluem um grande relógio de sol, com precisão de até 15 segundos, e dois vasos com 5,4 metros de diâmetro para ajudar a determinar as posições das estrelas e dos planetas.

que Al-Battani veio de uma família nobre ou mesmo real não foi confirmada por pesquisas recentes.

Al-Battani fez observações astronômicas em Al-Raqqa, na margem norte do Eufrates, cerca de 160 quilômetros a leste da atual Alepo. Observou eclipses e outros fenômenos celestes, mas sua reputação se deve ao seu *Kitab al-Zij*, ou "Livro de tabelas astronômicas". Foi preparado, como ele diz no prefácio, por causa dos erros e discrepâncias que encontrou em outros *zij*, o que o levou a tentar melhorar as teorias sobre os movimentos celestes e as conclusões delas tiradas, baseando-as em novas observações, tal como fez Ptolomeu, usando as observações de Hiparco. Para esse fim, construiu um relógio de sol, um novo tipo de esfera armilar — muitas vezes conhecido como "o ovo" —, um grande quadrante fixado a uma parede (um quadrante "mural") e um artifício que veio, mais tarde, a ser chamado de "trique-tum" — um arranjo de braços retos, que funcionava como um quadrante sem sua grande escala, e derivado de um instrumento usado por Ptolomeu. De fato, ele estava tão preocupado com os assuntos da observação prática que algumas de suas explanações sobre a teoria planetária eram incompletas. Mas suas correções de erros de observação do *Almagesto* foram muito valiosas, particularmente as referentes ao movimento planetário, enquanto Al-Battani também apontava que Ptolomeu errara ao supor que o ângulo formado entre a eclíptica e o equador celeste — a obliqüidade da eclíptica — permanecia sempre a mesma, e que o ponto mais distante no espaço em que o Sol aparecia — o apogeu solar — era fixo. E, naturalmente, esses eram aspectos vitais para o futuro da precisão astronômica. Mas Al-Battani fez mais do que apontar erros; fez observações próprias, obteve valores mais reais para essas constantes importantes e, ao escrevê-las, não só deu resultados como explicou, claramente, como os encontrou.

Embora fosse preciso em descrever os movimentos dos planetas, do Sol e da Lua, e mais bem-sucedido que qualquer outro antes dele em medir a aparente mudança de diâmetro desses astros durante o ano, Al-Battani contentou-se em aceitar as posições de Ptolomeu em relação às estrelas fixas, adicionando meramente uma correção para mantê-las em dia. Talvez isso não surpreenda, pois era nos corpos celestes em movimento que os antigos astrônomos concentravam sua atenção, e, nesse sentido, as contribuições de Al-Battani foram tão valiosas — e não apenas as técnicas matemáticas que usou para determiná-las — que foram aproveitadas pelas gerações posteriores. Na Europa ocidental, elas viriam a ser citadas, do século XV ao século XVII, por gigantes da astronomia como Copérnico, Kepler, Tycho Brahe e Galileu. E, mais próximo à sua própria época, o famoso sábio espanhol-judeu Moisés Maimônides (1135-1204), o líder intelectual do judaísmo medieval e médico do sultão egípcio Saladino, seguia de perto Al-Battani quando se tratava de assuntos astronômicos.

Além da astronomia, a Arábia do século IX também foi palco de alguns trabalhos sérios em astrologia; de fato, foi nessa época que seu maior proponente árabe, Al-Balkhi Abu Ma'Char, trabalhou em Bagdá. Mais tarde conhecido no Ocidente como Albumasar, Abu Ma'Char nasceu em Balkh, antiga cidade nas distantes regiões do oeste da Pérsia, em 787, tendo morrido no Iraque quase noventa anos depois. Balkh era um posto avançado da civilização helenística que se tornou uma cidade multirracial, onde chineses, indianos, grecocitas e sírios se misturavam com a população iraniana; mais tarde, também coexistiram comunidades budistas, hindus, judaicas, maniqueístas, nestorianas e zoroastristas. Quando os abácidas chegaram ao poder, Balkh e a área circundante de Khurasan forneceram aos novos califas seu exército, seus generais e uma grande quantidade de intelectuais, que executaram um trabalho significativo na tradução e nos comentários dos trabalhos gregos na Casa da Sabedoria, em Bagdá. Abu Ma'char foi membro da terceira geração dessa elite intelectual e durante toda a sua vida teve um senso da superioridade intelectual dos iranianos em relação aos colegas de outras partes da Arábia.

Sobre os pontos de vista de Platão a respeito de astronomia, ver volume I, páginas 103-104; sobre Aristóteles, ver volume I, páginas 110-111.

O tradicionalismo intelectual de Abu Ma'char conduziu-o a discutir com Al-Kindi e a formular seus próprios conceitos, que eram coloridos por idéias então correntes em Bagdá, assim como por suas crenças tradicionais. Deviam algo ao neoplatonismo e a Aristóteles. Abu Ma'char acreditava em uma esfera externa de luz divina e oito esferas celestes etéreas, tendo ao centro a nossa própria esfera sublunar (a nona). Mas o principal interesse de Abu Ma'char era a astrologia, assunto no qual sua pintura cosmológica, contudo, tomava parte. Ele achava que todo o conhecimento provinha de uma fonte divina e que cada ciência contém uma pequena quantidade de revelação; as três esferas de influência — a divina, a etérea e a sublunar — entrelaçavam-se e faziam da astrologia uma ciência real. Ele próprio preparava horóscopos e ganhou imensa reputação, tanto em seu próprio tempo como mais tarde, tendo sido descrito como "o mestre do povo do Islã quanto às influências das estrelas".

A astrologia parecia possuir uma lógica no século IX. A Terra era o centro de todas as coisas, e, com a hipótese de Abu Ma'char sobre a revelação divina, a influência das estrelas não parecia muito distante. O que surpreende é antes o fato de tão poucos árabes que perscrutavam o céu haverem despendido muito tempo com a astrologia. Pareciam estar mais interessados em aperfeiçoar o que os gregos haviam começado do que em aplicar o conhecimento grego à arte de predizer a sorte; suas habilidades matemáticas eram conduzidas ao fato científico, não aos prognósticos.

O último grande representante da escola astronômica e matemática que se desenvolveu após a fundação de Bagdá, por volta do princípio do século IX, foi o iraniano Abu'l Wafa' al-Buzjani, natural da cidade de Buzjan, em 940. Basicamente um matemático, seguiu a tradição de escrever um completo manual de astronomia do ponto de vista matemático, e essa matéria tornou a solução dos problemas astronômicos particularmente elegante e explícita. Outro iraniano, residente em Bagdá, entre os anos 970 e 1000, foi Abu Sahl al-Quhi;

ele fez observações dos solstícios de verão e de inverno no Irã, em Xiraz, e também observou os movimentos da Lua e dos planetas. Al-Quhi parece ter-se notabilizado pela habilidade de observação, já que seu trabalho mostrou a maior precisão possível no final do século X.

Foi por essa época que surgiram algumas objeções ao engenhoso uso do *equant,* de Ptolomeu, para justificar um movimento planetário irregular em termos regulares, objeções essas feitas pelo grande físico islâmico Al-Haytham. Ele acreditava que Ptolomeu não observara um aspecto básico do movimento dos planetas, e, em sua opinião, a teoria de Ptolomeu sobre o movimento da Lua não tinha qualquer fundamento do ponto de vista prático. Sob um aspecto, naturalmente, Al-Haytham estava certo; os "erros" de Ptolomeu deviam-se ao fato de ele imaginar um movimento regular em forma de círculo como base de todos os movimentos celestes, mas infelizmente nenhum astrônomo muçulmano abandonou essa idéia. Uma perspectiva totalmente nova teria de esperar até o século XVII, mas já então na Europa, não no mundo muçulmano.

Até essa época, os astrônomos árabes haviam se concentrado nos movimentos planetários, mas no fim do século X houve uma exceção notável, o iraniano Abu'l-Husayn al-Sufi, sobre cuja vida e carreira pouco se conhece. Era renomado por suas observações e descrições das estrelas, e seu *Livro das constelações das estrelas fixas* se tornou um clássico da astronomia islâmica, tomando mais tarde o caminho do Ocidente, onde o nome do autor foi transliterado para Azophi. O que Al-Sufi fez foi realizar a primeira revisão realmente crítica do catálogo de estrelas de Ptolomeu, adicionando suas próprias observações. Além disso, expôs seus resultados com muita clareza, constelação após constelação, apresentando as estrelas de cada uma delas — suas posições, grandeza (brilho) e cor. Ele fazia dois desenhos de cada constelação, um mostrando-a tal como era vista de fora do globo celeste, outro, de dentro, isto é, como era vista no céu. Havia igualmente uma tabela de todas as estrelas, com suas posições e grandezas, identificando-as também por seus nomes árabes, alguns dos quais ainda usamos hoje (por exemplo, Aldebarã, Altair, Betelgueuse e Rigel). Não há dúvida de que o livro de Al-Sufi supriu uma importante necessidade e foi bem aproveitado por gerações de astrônomos árabes e ocidentais.

Ilustração à página 119

Al-Sufi também construiu instrumentos, como se poderia esperar de um observador tão prático, e escreveu um livro sobre o astrolábio, assim como um a respeito de astrologia. A astrologia também foi aceita por seu contemporâneo, Abu Rayhan al-Biruni, natural da Armênia. Nascido em 973, começou a se dedicar à ciência muito cedo e, aos dezessete anos, graduou um mostrador circular com divisões de meio grau para observar as altitudes meridianas do Sol. Quando começou a guerra civil, em 995, fugiu para o estrangeiro, retornando dois anos depois, quando a paz voltou a reinar. Enquanto esteve fora, viveu em Ravvy e visitou o observatório da montanha, onde havia um grande sextante; ao retornar, viu-se "compelido a participar dos negócios mundanos" e freqüentou a corte de sucessivos monarcas. No entanto, conseguiu fazer algumas observações, em cooperação com Al-Buzjani, embora este fosse cerca de trinta anos mais velho. Al-Biruni estava basicamente interessado na geografia astronômica, usando eclipses para determinar longitudes de regiões da Terra e fazendo observações astronômicas para determinar a distância de um grau do meridiano. Entretanto, a astronomia não era o único interesse de Al-Biruni; ele escreveu sobre a matemática e sobre a própria geografia, sobre drogas, astrologia e pedras preciosas. De fato, sua prodigiosa produção literária totaliza algo como 13 000 páginas de matérias altamente técnicas. Muçulmano forte, dizem que inventou um instrumento para determinar os tempos de oração, mas, como usava os meses bizantinos, um religioso legalista o acusou de infiel. "Os bizantinos também comem carne", teria respondido Al-Biruni. "Então, não os imiteis nisso!"

No fim do século X, encontramos também o trabalho de Abu'l-Hasan ibn Yunus, um dos maiores astrônomos medievais islâmicos. Nascido no Egito, Ibn Yunus provinha de uma família respeitada; quando jovem, assistiu à conquista do Egito pela família fatímida e, em 969, à fundação do Cairo. De 977 a 1003, Ibn Yunus fez observações para os califas, usando, entre outros instrumentos, um grande astrolábio de cobre de cerca de 1,4 metro de diâmetro. Havia também uma enorme esfera armilar com nove anéis, pesando perto de 1 tonelada, bastante grande "para um homem atravessá-la a cavalo", embora deva ter sido construída pouco depois da morte de Ibn Yunus.

Ibn Yunus é lembrado principalmente por seu *zij, As grandes tabelas astronômicas de Al-Hakim*. Encerrava 81 capítulos; era muito maior e continha duas vezes mais tabelas que o *zij* de Al-Battani. Diferia de todos os *zij* anteriores por começar com uma lista de observações, do próprio Ibn Yunus ou de seus predecessores, e dava detalhes de todas as espécies de fenômenos astronômicos, dos eclipses às conjunções planetárias. Sua matemática e suas tabelas matemáticas eram de boa qualidade. O *zij* tratava superficialmente da astrologia, pois Ibn Yunus foi tão famoso como astrólogo quanto como astrônomo, como se poderia pressupor considerando-se a predileção do califa Al-Hakim pelo assunto. Diz-se que Ibn Yunus predisse sua própria morte sete dias antes de ela acontecer, e começou a acertar seus negócios pessoais, após o que se trancou em casa, lavou a tinta de seus manuscritos e recitou o Alcorão até morrer... no dia que predissera! Verdadeira ou não, a história indica claramente sua reputação como homem cujas predições eram sempre dignas de crédito. Apesar da astrologia, o *zij* de Ibn Yunus foi uma valiosa contribuição à astronomia árabe, tendo sua reputação favorecida, sem dúvida, pela carência geral, durante o século XI, de quaisquer sucessores capazes de preparar um trabalho tão vasto.

Ibn Yunus também preparou um segundo grande trabalho. Referia-se à determinação astronômica das horas de prece. Um guia astronômico era necessário, pois o Profeta determinara que as preces do anoitecer — as primeiras do dia — deviam ser feitas entre o poente e o cair da noite; as preces da manhã, entre o despontar do dia e a nascer do sol; as do meio-dia, quando o sol estivesse no meridiano, e as da tarde quando a sombra de qualquer objeto fosse igual, em comprimento, à do meio-dia somada à do próprio objeto. Isso, naturalmente, significava que o movimento aparente do Sol devia ser conhecido com precisão, e as tabelas de Ibn Yunus, baseadas como eram em uma precisa matemática, eram amplas e de muito boa qualidade, contendo mais de 10 000 entradas da posição do Sol por todo o ano. De fato, permaneceram como parte do corpo de tabelas usado no Cairo até o século XIX.

A astronomia árabe entrou em calmaria por um século após Al-Biruni e Ibn Yunus. O único astrônomo de nomeada foi Abu Iohaq al-Zarqali, proveniente de uma família de artífices de Toledo. Fabricava relógios e instrumentos astronômicos, embora seja mais conhecido pelo seu *zij, As tabelas de Toledo,* as quais eram semelhantes às de Al-Khwarizmi, mas ganharam grande reputação no mundo ocidental. Continham resultados que incluíam o efeito de "trepidação", assunto sobre o qual Al-Zarqali escreveu um livro. Escreveu também sobre instrumentos científicos, em particular os referentes ao desenho ou "projeção" da esfera sobre uma superfície plana. Em sua época, contudo, parece ter sido mais famoso por seus complexos relógios de água, alguns dos quais até mostravam os movimentos e fases da Lua. Foram feitos em Toledo, cidade que Al-Zarqali deixou em 1078 devido a distúrbios provocados pelos repetidos ataques dos exércitos cristãos do rei Afonso VI de Castela. Em 1133, depois que a cidade foi conquistada pelos cristãos, Afonso VII deu permissão para que os relógios fossem desmontados por um artífice, Hamis ibn Zabara, a fim de descobrir seu funcionamento. Mas, Ibn Zabara não estava à altura da tarefa; ele os reduziu a peças, não conseguiu descobrir como funcionavam e foi incapaz de reconstituí-los. Nessa época, Al-Zarqali já havia morrido e, portanto, os detalhes sobre seus métodos de montagem estavam perdidos.

Ilustração à página 119

O século XI foi uma época de revoltas sociais e políticas, mas a paz voltou a reinar no século XII, sob os almôadas, um poder militar islâmico centralizado na Espanha, e os estudiosos começaram novamente a ser estimulados. Mas houve um notável astrônomo e matemático muçulmano que viveu e trabalhou principalmente no século XI: Ghiyath al-Khayyami, mais conhecido no mundo ocidental como Omar Khayyam. Nascido em 1048, na Pérsia, numa época em que seu país era assolado pelos turcomanos seljúcidas, passou a infância e os anos de formação em Balkh, no Afeganistão, e depois mudou-se para Samarcanda, onde não só adquiriu grande interesse pela astronomia, como também começou a escrever sobre matemática e música. Ser um estudioso naqueles tempos significava ser rico ou ter um patrocinador, e em Samarcanda Al-Khayyami recebeu apoio do presidente do Tribunal de Justiça. É claro que as notícias de suas habilidades se espalharam, pois em 1070, quando ele tinha apenas 22 anos de idade, foi convidado pelo sultão seljúcida e seu grão-vizir para voltar à Pérsia, para a capital Ispahan, e cuidar do observatório local. Permaneceu na cidade durante os dezoito anos seguintes, durante os quais produziu seu próprio conjunto de *zij*, as *Tabelas Malikshah*. Infelizmente a maior parte de seu trabalho está perdida, e tudo o que resta são algumas posições estelares e uma relação de grandeza das cem estrelas mais brilhantes. Al-Khayyami também tinha um plano de reforma do calendário, o qual propunha um sistema que apresentaria um erro de não mais que um dia a cada 5 000 anos.

Enquanto Al-Khayyami estava em Ispahan, teve também de atuar como astrólogo da corte, mas esse não era um trabalho em que ele acreditasse, em absoluto; encarava-o meramente como um dos aspectos menos desejáveis de seus deveres. Mas Al-Khayyami não era apenas um descrente da astrologia; era também uma espécie de livre-pensador em outros assuntos, como dão testemunho alguns dos quartetos e seu famoso *Ruba'iyat*. Na verdade, seu aparente ateísmo desgastou os muçulmanos ortodoxos e quando, após a morte do sultão, em 1092, ele caiu no desfavor da corte, interrompeu-se o fornecimento de fundos para conduzir o observatório, e Al-Khayyami teve de adotar medidas definitivas para se libertar das acusações de ateísmo. Fez uma peregrinação a Meca, e parece que os últimos documentos filosóficos que preparou tinham em vista esse objetivo. Finalmente, Al-Khayyami mudou-se para Merv, a nova capital seljúcida, onde morreu em 1131.

Foi em Merv que um outro astrônomo, Ab'ul-Fath al-Khazini, passou seus primeiros dias e sua vida de trabalho, que coincidiu com os últimos dias de Al-Khayyami. Originalmente um jovem escravo bizantino, de propriedade do tesoureiro da corte, e provavelmente eunuco, Al-Khazini teve uma educação de primeira classe e criou um lugar para si na física islâmica; na astronomia, preparou um *zij*, baseado em suas próprias observações e que continha um conjunto particularmente notável de estudos de eclipses, e também um livro sobre os instrumentos astronômicos islâmicos. Também no mundo muçulmano do século XII, em Damasco, floresceu o matemático e astronônomo Charaf al-Din al-Tusi. Al-Tusi é relembrado principalmente por ter inventado o "astrolábio linear", simples artifício que consistia numa vara de madeira graduada com uma linha chumbada e uma corda dupla. Usado para fazer medidas angulares, é essencialmente a reprodução da linha meridiana num astrolábio. Poderia — assim dizia Al-Tusi — ser feito em meia hora por um amador, e seu manuseio era muito simples. Ele próprio mediu as altitudes das estrelas com esse instrumento, assim como a direção de Meca e de Qu'bah, embora não oferecesse a mesma precisão de um astrolábio comum.

Ilustração à página 118

Apesar do trabalho de Al-Khayyami, Al-Khazini e Al-Tusi, os principais trabalhos astronômicos durante o século XII realizaram-se no mundo muçulmano ocidental, na Espanha e no Marrocos. Mais tarde, foi através da Espanha que os frutos dos estudos árabes seriam absorvidos pela Europa, motivo pelo qual encontramos os nomes dos principais astrônomos latinizados para facilitar a referência na cristandade ocidental. Assim, Jabir ibn Aflah era conhecido como Geber (nome latino muitas vezes empregado erradamente para se referir ao alquimista Jabir ibn Hayyan), Al-Bitruji al-Ishbilt, como Alpetragius, e Abu'l-Walid ibn Ruchd, como Averróis. Jabir ibn Aflah, de Sevilha, trabalhou nessa cidade durante a primeira metade do século XII, e a razão de sua fama é ter publicado uma *Correção ao "Almagesto"*, na qual critica Ptolomeu, especialmente no que se refere às posições de Mercúrio e Vênus; Ibn Aflah coloca-nos além da esfera do Sol, esquema que foi amplamente adotado no Ocidente, assim como no mundo muçulmano. Ele simplificou também a matemática planetária do *Almagesto,* usando novos desenvolvimentos da trigonometria islamita.

Uma figura mais surpreendente foi Ibn Ruchd, conhecido na Europa medieval como "o Comentarista". Médico e filósofo, foi também grande astrônomo observador e teórico, que exerceu considerável influência por meio de seus trabalhos, especialmente em astronomia, no Ocidente. Nascido em Córdoba, na Espanha, em 1126, passou a maior parte de sua vida de trabalho em Marrakech, no Marrocos, onde morreu em 1198. Ibn Ruchd teve uma fina educação muçulmana, com inclinação para o direito e parece ter nascido com dom para a lógica. Estudou teologia e parece ter adotado uma linha média entre doutrinas extremas; mais tarde, porém, voltou-se contra esse assunto como um todo, pois encontrou argumentos que não podiam ser acompanhados até suas conclusões lógicas. Isso, contudo, não o impediu de ocupar, por curto espaço de tempo, o posto de cádi (juiz com funções civis e religiosas) em Sevilha. Mas o amor de Ruchd pela lógica e sua mestria nessa matéria levaram-no a se ocupar das ciências naturais; como ponto inicial, ele estudou medicina, recebendo seu treinamento de dois eminentes praticantes. Ele próprio se tornou médico do príncipe Abu Ya'qub Yussuf (que reinou em Marrakech como califa almôada, nas décadas de 1170 e 1180) e escreveu um abrangente manual de medicina para substituir o que fora preparado por Ibn Siná (Avicena), que não era popular na Andaluzia.

Sobre o trabalho médico de Ibn Ruchd, ver página 125; sobre sua importância na Europa medieval, ver página 141.

Foi o príncipe Yussuf que contratou Ibn Ruchd para preparar os comentários explanatórios sobre Aristóteles, e isso deixou inteiramente livre sua mente lógica. Na verdade, Ibn Ruchd parece ter "decifrado toda a obra de Aristóteles — da qual alguns documentos filosóficos eram obscuros — e fez muitas correções dos comentários de Ibn Siná. Mas ele não ficou satisfeito em ser apenas um elucidador, e desenvolveu sua própria teoria do intelecto, que estava ligada à doutrina das formas; acreditava que o homem pensa abstraindo as formas das coisas e que o intelecto humano é o receptáculo dessas formas compreensíveis. Os pontos de vista de Ibn Ruchd exerceram grande influência no pensamento ocidental da Idade Média e lhe deram uma considerável reputação em seus próprios dias. Escreveu muito sobre religião, discutindo as questões da revelação, do livre-arbítrio e da predestinação; enquanto isso, estava particularmente interessado em demonstrar a existência de Deus, de seus atributos e sua unidade, na origem do universo e no princípio da causalidade.

É claro que Ibn Ruchd não foi apenas um grande pensador, mas também um homem que apresentava seus pontos de vista claramente, e não é de admirar que suas palavras tenham sido ouvidas com respeito. Seus enfoques em astronomia, que eram teóricos, também despertavam a atenção. Inicialmente, reviu conhecimentos e idéias anteriores, não se restringindo às de Aristóteles e Ptolomeu, mas também discutiu as opiniões de seus predecessores. Depois da devida consideração, aliou-se aos que pretendiam um retorno a Aristóteles, embora não tenha seguido servilmente os pontos de vista do filósofo grego. Reconhecendo três tipos de movimentos planetários — o que é observado pelo olho, o que é visível aos observadores somente em longos períodos e o que só é identificável em termos teóricos —, concentrou seus esforços no último, o lado teórico. Acreditava firmemente no movimento regular e igual de todos os corpos celestes — a física assim o exige, pensava — e se voltou de modo veemente contra os movimentos excêntricos de Ptolomeu; na verdade, declarou que o engenhoso artifício do *equant* "não estava de acordo com a natureza das coisas". Aceitava a idéia de esferas concêntricas que Eudóxio havia proposto originalmente e que, nos tempos de Aristóteles, atingira o número de 55 para levar em conta todos os movimentos observados. No tempo de Ibn Ruchd, os astrônomos árabes tinham conseguido, por meio de cuidadosa seleção de movimentos, reduzi-las a cinqüenta, mas ele foi capaz de melhorar isso, necessitando apenas de 47 para conseguir as variações necessárias.

Sobre o sistema de esferas proposto por Eudóxio, ver volume I, páginas 105-106.

Al-Bitruji, contemporâneo de Ibn Ruchd trabalhou em Córdoba por volta de 1190 e era também um grande aristotélico. Quanto às interpretações dos movimentos planetários de Ptolomeu, acreditava que nada mais eram que construções matemáticas; estava certo de que não eram físicas, pois conflitavam com a física de Aristóteles. O que ele fez, portanto, foi adotar os parâmetros de Ptolomeu para o movimento dos corpos celestes e, então, adaptá-los com inteligência usando a teoria da esfera homocêntrica, que dava conta da trepidação e de tudo o mais. Seus resultados, de certa forma inusitados, incluíam um movimento em espiral das estrelas, mas foram bem recebidos por muitos dos que favoreciam Aristóteles em relação a Ptolomeu, de modo que Alpetragius foi muito citado pelos antigos estudantes da Idade Média ocidental, como Alberto Magno, Robert Grosseteste e Roger Bacon.

Com os séculos XIII e XIV, ultrapassamos o pico da astronomia árabe e chegamos ao seu final, ocorrido na década de 1440. De fato, os séculos XIII e XIV constituíram uma espécie de depressão; em nenhum deles surgiu qualquer grande figura no campo da astronomia. Algumas constantes astronômicas foram reobservadas, escreveram-se alguns livros e se prepararam *zij,* mas o único progresso real consistiu num novo sistema planetário que usava epiciclos extras em lugar do *equant* e das outras construções de Ptolomeu. Seu autor foi "Ala" al-Din ibn al-Chatir, observador do século XIV, mas, embora engenhosas, suas novas idéias eram mais estéticas do que científicas. Foi somente no fim do século XIV e na primeira metade do século XV que ocorreu um breve ressurgimento da atividade astronômica, perto de Samarcanda; centralizou-se na figura do grande governante Ulugh Beg (1394-1449).

Ulugh Beg quer dizer "grande príncipe", e era um título usado em lugar do nome original desse soberano, Muhammad Taragay. Nascido em Sultaniyya, na Ásia central, Ulugh Beg criou-se na corte de seu avô, o conquistador mongol Timur, mais conhecido como Tamerlão. Muçulmano, Tamerlão fez grandes conquistas de 1360 a 1390, chegando a governar uma área que se estendia do Mediterrâneo à Mongólia. Morreu em 1405, numa expedição para conquistar a China. Seu sepulcro — o Gur-e-Amir — em Samarcanda é um dos grandes monumentos da arte islâmica. O neto de Tamerlão, que, em 1409, se tornou o soberano de Maveramnakhr (principal cidade do que era Samarcanda), não estava interessado em conquistas, mas tinha uma inclinação para as ciências. Em 1420, Ulugh Beg fundou em Samarcanda uma *madrasa,* instituto de altos estudos, onde a astronomia era a principal matéria. Quatro anos depois, construiu um observatório; era um edifício de três andares com um sextante gigante, o maior instrumento astronômico de seu tipo no mundo, cujo raio media não menos que 40 metros. O sextante foi usado para a observação do trânsito, no meridiano, do Sol, da Lua e dos planetas, cujas mudanças de posição — assim como a duração precisa do ano e importantes medidas astronômicas, como o ângulo entre a trajetória do Sol e o equador celeste — cabia ao observatório registrar. O instrumento foi feito naquelas dimensões visando-se à precisão, pois em sua escala de alvenaria 1 grau ocupava mais de 70 centímetros, e 1 arco de minuto, 12 milímetros. Isso significava que se podia obter uma precisão equivalente a algo entre 2 e 4 arcos de segundo — uma grande conquista para o século XV, quando se sabe que 4 arcos de segundo equivalem à espessura de um lápis comum de madeira a 1,4 quilômetros de distância. O observatório tinha, naturalmente, outros instrumentos, entre eles uma esfera armilar e um astrolábio.

Ilustração à página 118

Como se podia esperar, o observatório produziu seu próprio *zij,* algumas vezes referido como o *zij* de Ulugh Beg, outras como o *Zij-i gurgani (guragon* era um dos títulos usados por Ulugh Beg). Era muito preciso no que dizia respeito aos planetas, mas não tão eficiente quanto às estrelas, para as quais alguns valores tinham sido extraídos do *zij* de Al-Sufi. As tabelas matemáticas eram, contudo, extraordinariamente precisas; tão boas, na verdade, que podem ser comparadas com tabelas elaboradas hoje em dia.

O diretor do observatório de Ulugh Beg foi Ghiyath al-Din al-Kachi. Nascido em Kashan, na Pérsia, em data desconhecida, Al-Kachi parece ter vivido por algum tempo na penúria, tentando conseguir patrocínio para os seus trabalhos astronômicos e matemáticos, em vez de aprofundar seus estudos de medicina e se dedicar à prática médica. Quando Ulugh Beg fundou sua "universidade", Al-Kachi mudou-se para Samarcanda e obteve uma segura e honrosa posição na corte, tornando-se depois o primeiro diretor do observatório. Ulugh

Sobre o cálculo de π pelos gregos, ver volume I, páginas 119-120; sobre o mesmo cálculo pelos chineses, ver página 33.

Beg o tinha em alta conta; desculpava as maneiras rudes de Al-Kachi e sua falta de etiqueta de corte porque, como dizia o próprio Ulugh Beg, ele era "um notável cientista, um dos mais famosos do mundo, tinha um perfeito domínio da ciência da Antiguidade, contribuiu para o seu desenvolvimento e podia resolver os mais difíceis problemas". Al-Kachi era realmente notável; calculou o valor de pi (π) com dezesseis casas decimais e outras relações matemáticas com precisão equivalente, enquanto foi provavelmente seu trabalho que fez com que o *Zij-i gurgani* contasse com tabelas tão extraordinárias. Escreveu também uma enciclopédia elementar sobre matemática prática para astrônomos, agrimensores, arquitetos, escriturários e mercadores. Quando morreu, em 1429, cinco anos depois da fundação do observatório, sua perda foi pranteada pelo próprio Ulugh Beg.

O sucessor de Al-Kachi no observatório foi Qadi Zada al-Rumi, que nasceu em Bursa, no oeste da Turquia, em 1364. Com estudos de matemática e astronomia, mudou-se para Samarcanda em 1383 para continuar seus estudos, e quando Ulugh Beg decidiu construir sua universidade, Qadi Zada foi indicado para ser o reitor. Quando Al-Kachi morreu, ele o substituiu como diretor do observatório, e parece também ter despendido algum tempo calculando relações matemáticas para tabelas matemáticas. Era obviamente um cientista competente — Ulugh Beg dificilmente o teria indicado se não o fosse —, mas não parece ter tido a estatura de Al-Kachi.

O próprio Ulugh Beg costumava fazer observações astronômicas, e era uma força dinâmica por trás da vida cultural de Samarcanda. Infelizmente, com sua morte por assassinato, a glória intelectual de Samarcanda desvaneceu-se, e suas grandes tradições de aprendizado entraram em eclipse. No século XVI, o observatório foi demolido por religiosos fanáticos, não tendo sido redescoberto até os tempos atuais.

Matemática

Se a astronomia árabe, principalmente, consolidou e aperfeiçoou uma ciência que era, em essência, uma herança dos gregos, a matemática árabe foi bem diferente. Certamente foi um meio pelo qual os algarismos hindus foram transmitidos para o Ocidente, mas, acima de tudo, trouxe para a arte da matemática duas técnicas poderosas — a álgebra e a trigonometria —, que são tão válidas hoje como o eram quando os árabes as introduziram.

O primeiro grande matemático árabe foi Thabit ibn Qurra, cujo trabalho astronômico em Bagdá já descrevemos. Ele deu muitas contribuições em todos os campos da matemática; traduziu para o árabe todos os trabalhos de Arquimedes, assim como o trabalho de Apolônio sobre as seções crônicas (a elipse, a parábola e hipérbole) e a geometria de Euclides. Escreveu sobre a teoria dos números, ampliou seu uso para descrever as relações entre quantidades geométricas

Ilustração à página 121

— passo que os gregos nunca deram — e discutiu a questão de onde, se acontecesse, as linhas paralelas poderiam encontrar-se. Ibn Qurra também preparou um *Livro de dados,* trabalho de geometria a meio caminho, em termos de dificuldade, entre Euclides e o *Almagesto;* estaria em voga no Ocidente durante a Idade Média.

Outro dos astrônomos-matemáticos de Bagdá foi Al-Battani, e suas notáveis realizações foram, primeiro, ter abandonado o antigo sistema grego de cordas de ângulos e adotado a proporção trigonométrica conhecida como seno — muito mais conveniente usou também sua relação oposta, o co-seno. Entretanto, não usou a outra relação, a tangente (e sua inversa, a co-tangente), e assim algumas de suas fórmulas eram ainda ligeiramente desajeitadas. Com Hiparco e Ptolomeu, os gregos chegaram perto da trigonometria, mas nunca conseguiram estabelecer as relações adotadas por Al-Battani, as quais, por sua simplicidade e conveniência, iriam revolucionar a matemática dos triângulos, tão usada na astronomia e na agrimensura, despindo-a de parte de sua antiga dificuldade. A segunda realização de Al-Battani foi o uso que fez da trigonometria e da projeção de figuras de uma esfera para um plano, para lhe permitir obter algumas novas soluções de problemas astronômicos. Seus métodos foram copiados na Europa Ocidental, no século XV, pelo astrônomo Regiomontanus.

Sobre Regiomontanus, ver volume III, capítulo 7, "Matemática".

O século IX assistiu a outros avanços matemáticos no mundo muçulmano: Al-Jawhari desenvolveu alguns métodos de calcular a expectativa de vida usando dados astrológicos, e Kamal al-Din trabalhou em álgebra, usando com facilidade equações de graus elevados e, em todas as equações, empregando números irracionais, como a raiz quadrada de 2, sem dificuldade; desse modo, ampliou o campo em que esse ramo da matemática podia ser aplicado. Mas, de todos os matemáticos desse século, o mais importante talvez tenha sido Al-Khwarizmi, pois foi ele quem escreveu um tratado sobre a matemática prática, algo para mostrar "o que é mais fácil e mais útil em aritmética", no qual usou a álgebra no sentido moderno. Fez isso quando explicou como é possível reduzir qualquer problema a uma de seis formas padrão usando dois processos: o primeiro conhecido como *al-jabr,* o segundo, como *al-muqabala.* O termo *al-jabr* referia-se a "transferir termos" para eliminar quantidades negativas (de modo que, por exemplo, $x = 40 - 4x$ se torna $5x = 40$); *al-muqabala* era o processo seguinte, o que "balanceava" as quantidades positivas restantes (assim se tivermos $50 + x^2 = 29 + 10x$, *al-muqabala* o reduz para $x^2 + 21 = 10x$). Nesse livro, Al-Khwarizmi não usou símbolos como fazemos hoje — eles foram introduzidos mais tarde — e expressou sua matemática em palavras; além disso, não inventou a álgebra como técnica, pois a tomou emprestado do grego ou, mais provavelmente, de fontes hindus. Mas sua realização foi tornar clara a técnica e, explicando-a tão bem, promover o seu uso. Foi também Al-Khwarizmi que escreveu brilhante tratado sobre os algarismos hindus e, assim, encorajou o seu uso como tais.

Sobre o desenvolvimento da álgebra no Ocidente, ver volume III, capítulo 7, "Matemática".

Sobre as origens dos algarismos hindus, ver páginas 75-76.

O século X assistiu a mais pesquisas e desenvolvimento no campo da matemática, um pouco na geometria, um pouco na álgebra

Ilustração à página 120

e um pouco na trigonometria. O neto de Thabit ibn Qurra, Sinan ibn Thabit ibn Qurra, especializou-se em geometria, e Al-Quhi inventou um compasso com uma perna que mudava de comprimento para desenhar elipses e outras seções cônicas. O trabalho trigonométrico concentrou-se na preparação de tabelas de senos — Ibn Yunus compilou-as até quatro casas decimais — e descobriu-se o "teorema do seno". Esse teorema é usado para os triângulos traçados em uma superfície esférica, tal como encontramos na astronomia quando se medem triângulos na esfera celeste, e é particularmente importante. Não se tem certeza sobre seu criador; pode ter sido Sinan, Al-Khujandi ou talvez Abu Nasr al-'Iraq, mas é certamente a um desses matemáticos muçulmanos que devemos a sua invenção. Em álgebra, Al-Karaji desenvolveu o uso dos binômios e definiu a finalidade apropriada da matéria como sendo "a determinação de incógnitas a partir de premissas conhecidas".

Mas o grande sábio de toda a matemática árabe do século X foi Abu'l-Wafa'. Ele escreveu um manual de aritmética prática, *Um livro sobre o que é necessário na ciência da aritmética para escribas e homens de negócios,* e um semelhante em geometria, *Um livro sobre o que é necessário na construção geométrica para o artífice.* Este último forneceu soluções para problemas de duas ou três dimensões usando apenas um compasso e uma régua — forma de geometria prática que teria enlouquecido os gregos, para os quais a geometria era apenas uma arte teórica —, e as construções de Abu'l-Wafa' eram tão úteis que circularam amplamente na Europa durante a Renascença. Em trigonometria, ele preparou novas tabelas e desenvolveu modos de resolver alguns problemas de triângulos esféricos.

Tal como na astronomia, em matemática o século XI foi um período virtualmente desprovido de desenvolvimento, mas as coisas melhoraram no século XII. O poeta e astrônomo Al-Khayyami escreveu um comentário sobre Euclides e sobre a álgebra, usando algumas das idéias de Abu'l-Hassan al-Nasawi, que trabalhou pelo menos um século antes e cujos métodos parecem ter se originado dos chineses. Al-Khayyami também discutiu a determinação das raízes da quarta, quinta, sexta e potências mais altas, por um método que ele descobriu e que não envolvia o uso de geometria e talvez tenha incluído o triângulo de Pascal. Se assim foi, então sua descoberta foi contemporânea com a da China, mas, como o método de Al-Khayyami está perdido, não é possível verificar se ele fez uma descoberta paralela ou não. O astrônomo Al-Tusi escreveu um grande tratado de álgebra, não muito depois da morte de Al-Khayyami; tratava também de achar as raízes das equações e discutiu as mudanças de suas variáveis, algo que se tornou único na matemática árabe. Novamente foi no século XII que o físico Ibn Yahya al-Samaw'al mostrou precocidade na matemática, escrevendo o livro *O deslumbrante* quando tinha apenas dezenove anos de idade. Nele, explicou a multiplicação e a divisão de potências (isto é, lidou com a "série de potências", $x^4, x^3, x^2 \ldots \frac{1}{x}, \frac{1}{x^2}, \frac{1}{x^3}$, etc.), adotou a convenção de que 1 pode

Sobre o triângulo de Pascal na China, ver página 34.

ser expresso como potência 0 (isto é, x^0) e, de fato, enunciou nossos métodos atuais (embora não tivesse usado a mesma notação). Além disso, não somente deu um passo adiante de Al-Karaji, escrevendo resultados algébricos de forma bem mais simbólica, como foi também o primeiro matemático árabe a entender os números negativos, resolvendo tratá-los como identidades distintas. Assim, Al-Samaw'al foi capaz de subtrair números de zero, descobrindo regras que só apareceriam na Europa trezentos anos depois.

Depois de Al-Samaw'al, só ocorreram pequenos desenvolvimentos na matemática árabe. Em meados do século XIII, o muçulmano espanhol Muhyi'l-Din al-Maghribi recalculou o pi (π) e os valores dos senos, e ofereceu novas provas do teorema do seno, mas cem anos depois esses cálculos foram suplantados por Al-Kachi, em Samarcanda, com seus valores corretos até dezesseis casas decimais. Foi Al-Kachi, também, que introduziu maneiras metódicas de lidar com frações decimais. E foi no século XV que se chegou não apenas ao último matemático muçulmano espanhol, mas também ao último desenvolvimento da matemática islâmica; isso ocorreu com o trabalho de Abu'l Hassan al-Qalassadi, agora conhecido por nós por seu livro de álgebra, escrito em versos. Entretanto, não é o fato de as regras de álgebra se tornarem poesia em suas mãos que nos interessa, mas o de que seu texto tornou muitos símbolos algébricos mais amplamente conhecidos. Eles não eram invenção dele, mas o trabalho de Ibn Qunfudh e Ya'qub ibn Ayyub, um século antes; a importância de Al-Qalassadi foi torná-los mais familiares, de tal forma que viriam a estimular, mais tarde, os matemáticos ocidentais quando herdaram o soberbo legado matemático da Arábia.

Física

A física teve pequeno desenvolvimento depois de Aristóteles e de Arquimedes até a última parte do período medieval na Europa. Certamente os moístas, na China, deram alguns passos úteis, e outros trabalhos especializados foram realizados naquele país, mas parece que pouco foi feito na Arábia, exceto o estudo da óptica, onde houve avanços, mais notavelmente os realizados por Ibn al-Haytham, no fim do século X e princípio do século XI; Thabit ibn Qurra e Al-Khazini também fizeram alguma coisa a respeito de balanças e da questão do equilíbrio.

Sobre as idéias dos moístas, ver página 22.

Como tradutor dos trabalhos de Arquimedes, Thabit ibn Qurra deve ter tido conhecimento da física básica da alavanca, das polias e, naturalmente, dos problemas relacionados com o peso e o uso da balança. De fato, é por suas obras sobre o princípio da balança e do equilíbrio dos corpos, inclusive o equilíbrio de uma viga pesada, que Ibn Qurra é hoje lembrado como físico. Seu trabalho, porém, não parece ter sido seguido de qualquer modo particular por mais de duzentos anos, até o tempo de Al-Khazini, com quem já travamos ligeiro contato. Ascético, místico e professor na idade adulta,

Al-Khazini escreveu amplos tratados sobre pesos e pesagens e, tendo um bom pensamento prático, escreveu o substancial *Livro do equilíbrio da sabedoria.* Bom conhecedor dos trabalhos de seus predecessores — Arquimedes, Ibn Qurra e Al-Asfizari (que viveu uma geração antes e cujas balanças tinham sido destruídas pelo tesoureiro do sultão em momento de medo) —, o livro de Al-Khazini se refere essencialmente à balança hidrostática. Seu projeto usava uma balança romana com marcadores de referência em vários pontos, de forma que as pesagens podiam ser feitas usando-se diferentes líquidos, e foi amplamente adotado para se determinar a adulteração de metais preciosos e na tributação de pedras preciosas. Para ajudar no uso do instrumento, o livro também incluía tabelas do que poderíamos chamar de pesos específicos. Mas, por mais valioso que seja esse trabalho, foi completamente ofuscado pelas realizações do maior físico islâmico, Ibn al-Haytham.

Sobre sua influência na cristandade medieval, ver página 140.

Conhecido pelos sábios medievais do Ocidente como Alhazen, Al-Haytham nasceu em Basra, no Iraque, em 965, e se mudou para o Cairo durante o reinado do califa fatímida Al-Hakim, governante que patrocinou o astrônomo Ibn Yunus e fundou a Biblioteca do Cairo, a qual chegou a ser quase tão famosa como a da Casa da Sabedoria, em Bagdá. No Cairo, Al-Haytham teve o que foi, aparentemente, uma carreira desastrosa. Parece que, quando chegou ao Egito e presenciou a inundação anual regular do Nilo, supôs que isso acontecia por não haver um controle hidráulico apropriado do rio. Por isso, obteve o patrocínio do califa para uma expedição de engenharia ao sul do Egito, com ele próprio a chefiá-la. A finalidade era encontrar as terras altas que ele supunha estarem na nascente do Nilo e realizar os trabalhos apropriados para o controle do rio. Azar! Quando navegava rio acima e viu os enormes edifícios, especialmente ao sul de Assuã, começou a verificar que, se alguma coisa podia ser feita, os egípcios já se haviam encarregado disso, e um esquema de irrigação tal como ele havia imaginado estaria fadado ao fracasso. Foi obrigado a regressar e admitir seu erro. Como primeiro passo, deram-lhe um pequeno posto governamental, mas ele temeu por sua vida, pois o califa tinha a reputação de ser não só excêntrico como também sanguinário. Al-Haytham, então, decidiu fingir-se de louco e ficou em prisão domiciliar até a morte do califa, quando recobrou a sanidade!

Quando novamente se viu livre para continuar a aprender, Al-Haytham estava com mais de cinqüenta anos de idade, e parece que então — ou pouco depois — chegou à conclusão, após enormes pesquisas em religião, de que a verdade estava somente nas "doutrinas cujo tema era sensato e cuja forma era racional". Essas doutrinas ele encontrou em Aristóteles e nos campos da matemática e da física, e foi nesta última que deixou sua marca, com seus originais estudos de óptica. Embora o trabalho no campo da óptica de Al-Haytham contenha alguns elementos gregos, particularmente de Ptolomeu, ele rearranjou e reexaminou tudo, de forma a produzir resultados inteiramente novos. Isso aconteceu especialmente em suas teorias sobre a luz e a visão, que são integralmente próprias, nada devendo à Antiguidade ou a idéias islâmicas anteriores. A luz, declarava Al-Haytham, era algo emitido por todas as forças autoluminosas; é uma "emissão primária". Ele também considerava uma "emissão secundária", do que ele chamou de "fonte acidental". A luz dessa fonte é emitida "em forma de esfera" (isto é, em todas as direções). Esse conceito de "fonte acidental" secundária significava que a luz também era emitida de qualquer ponto da poeira que está em um facho de luz solar ou de um objeto opaco iluminado. Essa luz viajaria, como a luz de uma fonte primária, em linha reta (como Al-Kindi havia declarado), mas seria mais fraca. Era um pensamento verdadeiramente original, englobando, realmente, o princípio das pequenas ondas secundárias proposto seis séculos depois pelo holandês Christian Huygens.

Sobre a idéia de Huygens a respeito das pequenas ondas secundárias, ver volume III, capítulo 8, "Física-óptica".

Al-Haytham descreveu as cores como sendo reais e independentes dos corpos coloridos luminosos, irradiando sua luz em todas as direções, em linha reta; as cores estão sempre presentes com a luz, misturadas com ela, e nunca são visíveis sem ela. Temos que admitir que esse não é um ponto de vista que pudéssemos aceitar hoje, mas, no século XI, era uma corajosa tentativa de explicar um fenômeno intrigante que teria de esperar alguns séculos pela solução final. Era, certamente, como uma lufada de ar fresco depois dos pontos de vista menos que satisfatórios dos gregos. Al-Haytham também foi coerente em suas explanações sobre o reflexo em superfícies polidas; mantendo sua teoria da luz, ele declarava que tais superfícies não "recebiam" luz, mas a enviavam de volta diretamente, e citava experiências para provar sua afirmação. É a Al-Haytham, também, que devemos a introdução do conceito de "raio de luz"; de fato, ele tinha uma imagem verdadeiramente física de tal raio.

Toda a idéia grega da visão como algo que emanava do olho foi rejeitada por Al-Haytham como absurda, e ele se baseou em sua teoria física dos raios e nas construções matemáticas de seus trajetos para explicar o que é visto. Ele acreditava, como o cirurgião greco-romano Galeno, que a vista é estimulada, primeiro, na lente cristalina do olho, e nada fala em seu trabalho da formação de uma imagem dentro do olho, como na câmara escura. Ele discute, contudo, o nervo óptico e sua conexão com o cérebro. Nisso, os pontos de vista de Al-Haytham não eram corretos, porém, uma vez mais, constituíam um grande passo à frente e mostravam, em sua maior parte, uma concepção completamente nova. Tudo isso, e mais ainda, foi discutido em seu grande livro, *Óptica,* que, como um moderno tratado de física, usa uma orientação matemática e experimental, não citando autoridades, mas a autoridade da evidência empírica.

O trabalho de Al-Haytham foi importante; o quanto foi importante pode ser julgado não apenas por sua contínua citação por estudiosos medievais posteriores no Ocidente, mas também pelo fato de sua conclusão de que a refração da luz é causada por raios luminosos que viajam a diferentes velocidades em materiais diferentes e também

Sobre a óptica na ciência da Renascença, ver volume III, capítulo 7, "Física".

suas leis da refração terem sido usadas no século XVII por Kepler e Descartes. Al-Haytham, então, representou, em embrião, o moderno cientista físico. Seu trabalho marcou o ponto mais elevado da física árabe.

Geografia

Sobre o desenvolvimento da bússola magnética pelos chineses, ver páginas 58-59.

Em meados do século XIII, Baylak al-Qibaji, do Cairo, foi o primeiro a escrever em árabe sobre a agulha magnética como uma bússola de navio, mas o conhecimento de navegação e geografia dos árabes remonta a muito antes disso. Itinerários e estradas foram traçados, naturalmente, para que se enviassem missões diplomáticas a terras distantes — à China, por exemplo — e para campanhas militares, enquanto os mercadores teriam tido conhecimento de itinerários de caravanas. Mas nenhuma geografia científica organizada parece ter começado antes do início do século IX, no tempo de Al-Ma'mun e do estabelecimento da Casa da Sabedoria em Bagdá. Nela Al-Farghani tornou conhecida no mundo árabe a *Geografia* de Ptolomeu, enquanto Al-Khwarizmi escreveu seu *Livro da forma da Terra.* Este último era, principalmente, uma relação de latitudes e longitudes de lugares que incluíam as velhas *climata* gregas, sete faixas de latitude, em cada uma das quais se supunha que os lugares tivessem a mesma duração de luz diurna em seu dia mais longo. O mapa de Al-Khwarizmi diferia substancialmente do mapa do mundo de Ptolomeu no que se refere a alguns lugares, devido, talvez, ao uso de diferentes longitudes e latitudes, coligidas na Casa da Sabedoria.

A pesquisa geográfica continuou no século X com geógrafos como Ibn Khurdadhbih e Ibn Ya'qub Ibrahim, que, porém, não trabalharam em Bagdá. Abu'l-Qasin ibn Khurdadhbih (algumas vezes chamado Khurradadhbih), descendente de persas, foi chefe de correios e de informações em Al-Jibal, cidade do Tigre. Companheiro íntimo do culto califa al-Mu'tadid (terceiro e último da dinastia abácida), Ibn Khurdadhbih escreveu sobre vinhas e culinária e também preparou uma geografia econômica e política, o *Livro das estradas e províncias.* A matemática do livro era fraca, mas ele organizou muito bem a vasta quantidade de material que a obra continha. Quanto a Ibn Ya'qub Ibrahim, era um mercador judeu espanhol, muito conhecido por suas viagens por toda a Europa, em negócios ou missões diplomáticas. Visitou comunidades judaicas e anotou descrições das áreas em que elas viviam; embora pouco reste do que escreveu, o que existe dá uma boa descrição dos países eslavos e dos territórios russo-árabes do sul, e constitui excelente fonte de detalhes a respeito da vida contemporânea. Mas, de todos os viajantes árabes do século X, o mais notável foi Abu'l-Hassan al-Mas'udi, que deixou Bagdá por volta de 915 e passou a vida viajando por todo o mundo islâmico, assim como pela Índia e África oriental. Só sossegou em seus últimos anos, morrendo no Cairo por volta de 956. Al-Mas'udi acreditava que o verdadeiro conhecimento só era obtido através de observações e experiências pessoais; era um escritor prolífico, com 37 trabalhos a seu crédito, embora, infelizmente, só dois tenham sobrevivido.

Para Al-Mas'udi, o conhecimento se acumulava com o tempo; discordava dos que aceitavam os antigos como autoridades finais e minimizava o valor dos sábios contemporâneos. "As ciências", dizia, "progridem constantemente para limites e fins desconhecidos." Desafiou abertamente a perspectiva "tradicionalista" que, dois séculos depois, deveria colocar à margem o novo aprendizado e, no devido tempo, conduziria a um declínio na ciência e na sociedade islâmica da Idade Média. Bom historiador, que advogava sempre a volta às fontes originais e tentou obter uma visão científica e objetiva do passado, Al-Mas'udi concebia a geografia como pré-requisito essencial da história, e um levantamento geográfico precedeu sua própria história do mundo. Ele enfatizou o ponto de vista de que o ambiente geográfico afetava fortemente a vida animal e vegetal de uma região, e foi capaz de elucidar muitas confusões na geografia do seu tempo. Não acompanhava a escola de pensamento islâmica que supunha Meca o centro do mundo e colocava e geografia de acordo com os preceitos do Alcorão; era igualmente crítico em relação aos geógrafos do passado e não aceitava a crença de Ptolomeu em uma *terra incógnita* no sul; aceitava os pontos de vista dos marinheiros que lhe disseram não haver limites para o oceano meridional.

Al-Mas'udi foi, muitas vezes, chamado de Plínio islâmico porque, como o Plínio romano, tinha grande interesse pelo mundo ao seu redor e tentava descobrir as coisas por si mesmo; sem dúvida, foi um dos pensadores mais originais do Islã medieval. Mas nem todos os geógrafos islâmicos lhe seguiram o exemplo; os cartógrafos ainda traçavam mapas bastante formais contendo apenas áreas islâmicas; mais impressionante, porém, é o fato de o principal geógrafo do século XI, o espanhol árabe Abu 'Ubayad al-Bakri, que compilou detalhes de itinerários terrestres e marítimos e listas de nomes de lugares, nunca ter viajado para fora da península Ibérica, baseando-se, quase totalmente, em relatos de outras pessoas. Na verdade, a geografia muçulmana parece ter atingido seu ponto máximo com Al-Mas'udi e, com duas exceções, declinado após sua morte.

Ilustração à página 122

Uma das exceções foi Abu al-Idrisi, muçulmano de uma casa nobre pretendente ao califado. Nascido em Ceuta, no Marrocos, em 1100, foi educado em Córdoba, na Espanha, e, embora tenha morrido em Ceuta, em 1166, passou sua vida de trabalho fora do mundo muçulmano. Com a idade de dezesseis anos, começou a viajar pela Ásia Menor, Marrocos, Espanha e costa sul da França, e até visitou a Inglaterra. Depois, Al-Idrisi foi convidado por Rogério II, o rei normando da Sicília, para viver em Palermo a fim de preservar sua própria segurança, pois estaria constantemente sujeito a assassinato se se mantivesse nos círculos muçulmanos. Assim, então, ele foi para Palermo, ponto de encontro das culturas árabe e européia, e conseguiu realizar o que foi um dos grandes exemplos de cooperação árabe-normanda. Rogério II, insatisfeito com os mapas gregos e árabes, decidiu encomendar um novo, com os acidentes a serem indicados em relevo e o todo devendo ser gravado em prata. Al-Idrisi foi indicado para ser o encarregado do projeto, e se enviaram mensageiros além-mar para coletar informações. O projeto ficou pronto no devido tempo, mas nada resta dele agora, exceto um compêndio geográfico compilado por Al-Idrisi, contendo mapas setoriais. Os mapas mostram o "mundo desabitado"; são principalmente do hemisfério norte e se dividem em *climata*. Não contêm qualquer indício de pensamento original — baseavam-se nas concepções grega e árabe do mundo —, mas, dentro de suas limitações, evidenciam um trabalho inteiramente bem-feito.

Ilustração à página 122

A outra exceção ao declínio geral foi o geógrafo do século XIII Zakariya al-Qazwini, cujo amplo interesse pela ciência foi colorido pela fé islâmica, e que era de alguma forma inclinado à especulação metafísica. Escreveu muito sobre geografia, baseando seu trabalho nos resultados de suas próprias viagens através da Ásia Menor. Teve também a distinção de ser o primeiro a explicar corretamente o arco-íris, e foi importante seu desempenho no observatório estabelecido em Maraghah, na Pérsia, sendo suas observações a base da preparação do famoso *Ilkhani zij*. Na verdade, o trabalho e os documentos de Al-Qazwini deveriam fazer muito para promover o renascimento da ciência e da filosofia na Pérsia.

Biologia e medicina

Na biologia e nas ciências médicas, os árabes herdaram uma enorme quantidade de material dos gregos, romanos, persas e indianos. Para os filósofos árabes, o estudo das plantas visava principalmente à sua aplicação tanto na agricultura como na medicina, e o pioneiro nesse tipo de atividade foi Jabir ibn Hayyan (ao qual voltaremos a nos referir no capítulo sobre alquimia), que deixou sua marca em muitos trabalhos. Algumas das traduções mais antigas existentes em Bagdá eram de livros de botânica, erradamente atribuídos a antigos autores gregos como Aristóteles e Teofrasto; os trabalhos autênticos, como os dos médicos militares Dioscórides e Galeno, dos séculos I e II d.C., confirmaram essa inclinação para a medicina. No entanto, embora Dioscórides tenha sido o autor daquela que foi de longe a maior farmacopéia da Antiguidade ocidental, seu livro continha outras informações úteis sobre botânica. Muitas delas eram puramente práticas — como, por exemplo, os efeitos do seu armazenamento por longos períodos e sugestões para o uso de recipentes apropriados —, mas nem todas, pois ele discutiu cada planta em relação ao seu habitat. Entretanto, de modo geral, a inclinação para o estudo botânico para uso na medicina permaneceu; encontramo-la nos textos do médico Ibn Siná, do século XI, nos da escola muçulmana e espanhola e nos trabalhos dos estudiosos árabes da Andaluzia, nos séculos XII e XIII. Ela continuou também nos trabalhos enciclopédicos do século XIV.

Houve duas exceções a essa concepção de botânica. No século IX, Abu al-Dinawari, historiador iraniano que também fez observações astronômicas em Ispahan, escreveu um grande compêndio, o *Livro das plantas*. Deve-se admitir que essa obra continha muita filosofia e história, mas também estava repleta de detalhes botânicos e foi muito citada posteriormente. A segunda exceção surgiu na segunda metade do século X em Basra, com os Ikhwan as Safa, ou Irmãos da Pureza, associação islâmica secreta e radical, influenciada pelo neoplatonismo e pelo maniqueísmo (religião dualista persa que pregava a libertação do espírito em relação à matéria pelo ascetismo). Usando uma interpretação esotérica do Alcorão, acessível apenas aos iniciados, eles tentaram neutralizar a filosofia grega e seguiram a alquimia e as ciências ocultas, embora, em suas "Epístolas", ensinassem o esclarecimento primeiro por um estudo da ciência. Em botânica, isso os levou a examinar a forma e a estrutura das plantas e seu crescimento. A seguir, continuavam discutindo o simbolismo numérico das várias partes e sua localização na ordem cósmica, mas foi seu estudo do crescimento e da morfologia que se tornou uma contribuição valiosa à botânica.

Ilustração à página 121

No campo da zoologia, os árabes estavam familiarizados com a vida e os hábitos de todos os animais domesticados que, até hoje, constituem a base da vida das tribos nômades. Nos tempos pré-islâmicos, reuniram-se muitas informações especializadas sobre o camelo e o cavalo, ao passo que com o advento do islamismo os animais passaram a assumir um significado religioso, já que participavam do destino do homem e se acreditava que davam lições a respeito de Deus e dos deveres do homem na terra; na verdade, as leis religiosas especificavam o tratamento que deveria se dispensar aos animais. Assim, nos trabalhos literários islâmicos, há freqüentes referências a animais, usados como símbolos de qualidades cósmicas, mas essas referências muitas vezes mostram um profundo conhecimento do comportamento animal.

Se os documentos referentes à zoologia do século VIII versavam principalmente sobre o camelo e o cavalo, no século IX os teólogos *mu'tazilita* (cujo nome significa que se "mantinham à parte" na disputa da liderança da comunidade muçulmana e tinham grande senso de racionalidade na religião islâmica), bem como o cientista e místico Ibn al-A'rabi, preocupavam-se em salientar o modo pelo qual o mundo animal dava provas da sabedoria de Deus. Abu al-Jahiz, conhecido pela mestria de sua prosa árabe, era um *mu'tazilita,* e ele, Al-A'rabi e outros classificaram cerca de 350 animais em quatro categorias, com base no modo pelo qual esses animais se movimentavam.

Durante o século IX e a primeira metade do século X, encontramos também algumas descrições de animais da autoria de Al-Kindi e Al-Farabi, mas as contribuições mais importantes no campo da zoologia foram feitas por aqueles que compilaram enciclopédias gerais e de outros estudiosos cujo interesse se concentrava mais na história natural do que na filosofia; eram descrições objetivas e incluíam alguns dos exóticos animais da Índia. Mas, após a metade do século X, predominaram os trabalhos de caráter mais filosófico, que discutiam a "cadeia do ser", mais dentro das linhas da escada da natureza de Aristóteles, e descreviam o habitat, os métodos de reprodução e o número de sentidos dos animais. Faziam descrições anatômicas dos órgãos internos, mas tudo sob o ponto de vista do desígnio divino. Ibn Siná, no século XI, e Ibn Ruchd, no século XII, também enveredaram por esse caminho, embora Ibn Siná tenha chegado ao ponto de fazer algumas considerações sobre a psicologia animal. Trabalhos enciclopédicos com grandes seções sobre zoologia continuaram a aparecer nos séculos XIII e XIV, e, durante o século XIII, Al-Qazwini lançou uma nova classificação dos animais, baseada em seus meios de defesa. No fim do século XIV, Kamal al-Din al-Farisi escreveu *O grande livro sobre a vida dos animais,* que mostrou ser o principal trabalho muçulmano antigo em zoologia; nele, Al-Farisi sistematizou todos os estudos prévios e, assim, produziu um grande compêndio de informações zoológicas, que adquiriu grande popularidade e foi traduzido para o turco e para o persa, não só devido às informações religiosas como também ao material concreto que continha. Esse interesse pelos animais continuou na época mogol, e o imperador Jahangir dedicou, ele mesmo, seções de seu *Livro de Jahangir* a acuradas descrições de plantas e animais, com figuras pintadas por miniaturistas de sua corte, especialmente o mestre do século XVII, Mansur.

Ilustrações às páginas 123-124

No campo da medicina, a cultura árabe deveu muito ao trabalho de Galeno (século II d.C.), que fez importantes descobertas em anatomia trabalhando como cirurgião de gladiadores e soldados; entretanto, seu conhecimento da prática médica baseava-se em pesquisas realizadas por Herófilo e Erasístrato, e nos ensinamentos de Aristóteles. Os trabalhos de Galeno estavam entre os primeiros textos gregos a serem traduzidos e comentados, especialmente por Thabit ibn Qurra, em Bagdá, enquanto outros médicos, notadamente Qusta ibn Luqa e Ishaq ibn Hunyan, também fizeram traduções do siríaco e do grego — novamente, em especial, das obras de Galeno. Mas a medicina islâmica dos séculos IX e X não foi apenas o renascimento da medicina de Galeno; envolvendo os dois séculos como um colosso no campo da medicina estava a figura de Abu Bakr al-Razi.

Conhecido no Ocidente medieval como Rhazes, al-Razi nasceu em Ravy, na Pérsia, por volta de 854, e lá morreu entre 925 e 935. Sobreviveram poucas informações sobre ele, mas sabe-se que foi, por algum tempo, diretor do hospital de Ravy e, mais tarde, do de Bagdá. Sua perspectiva filosófica, que deve ser reunida às críticas que lhe fizeram, foi incomum. Defendia a igualdade, rejeitando a idéia de que os homens podem ser classificados em estratos, de acordo com suas capacidades inatas. Mas — o que é mais importante em uma sociedade islâmica — ele atacou a religião; os homens, disse, não só eram iguais como também não tinham necessidade de uma disciplina imposta por líderes religiosos para conduzir seus negócios. Quanto aos milagres, ele acreditava-os impossíveis, e até escreveu um livro

À esquerda. Astrolábio desenhado na Pérsia, no século XVIII.
O astrolábio podia ser usado para determinar a altitude e o azimute do Sol, da Lua, das estrelas e dos planetas, calcular o tempo e medir distâncias e alturas. Museu da História da Ciência, Oxford.

Abaixo, à esquerda. Astrônomos, usando vários instrumentos para medir a posição de corpos celestes, em um observatório fundado em 1575 em Istambul. Istanbul Üniversitesi Kütüphanesi.

Abaixo. Constelação de Sagitário, do *Livro das constelações das estrelas fixas,* de Al-Sufi; século X. Biblioteca Britânica, Londres.

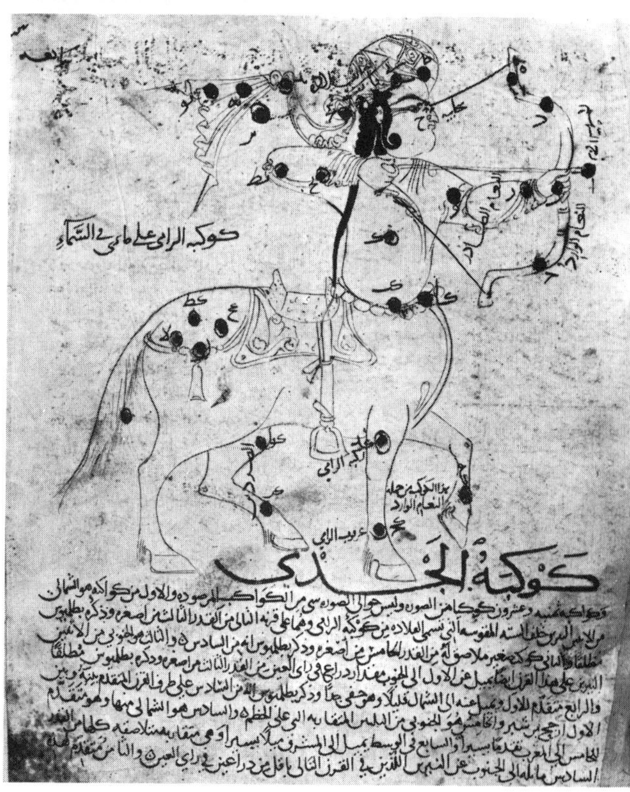

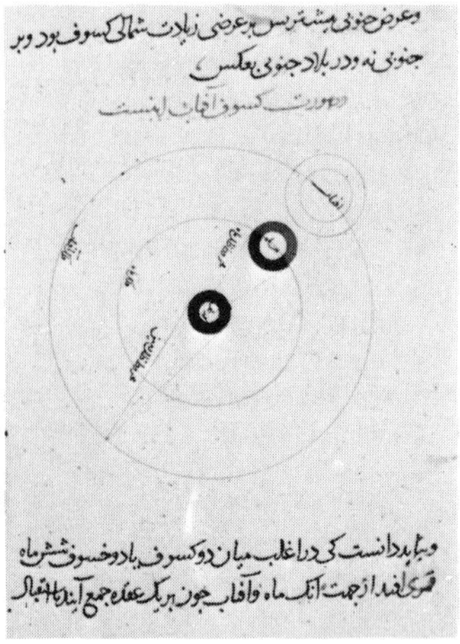

Acima. Diagrama de uma explicação do eclipse solar, de Al-Tusi, de um manuscrito do século XIV, Biblioteca Central, Universidade de Teerã.

À direita. Sextante gigantesco, com raio de 40 metros, escavado na rocha, no Observatório de Ulugh Beg, em Samarcanda, construído na década de 1420.

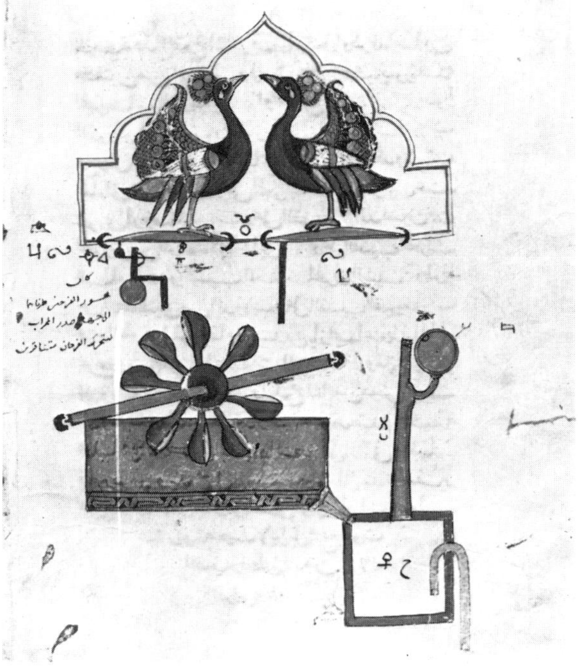

Acima e acima à esquerda. Ilustrações de um tratado de 1206, de Abu al-Jazari, sobre aparelhos mecânicos, mostrando um relógio movido a água com alavancas, bolas de vidro iluminadas e zodíacos móveis. Os árabes herdaram de Alexandria esse interesse por tais artifícios.
Acima, à esquerda. Museu de Belas-Artes, Boston, Massachusetts. Coleção Goleubew.

Acima. Museu Metropolitano de Artes, York, Rogers Fund, 1955.
À esquerda. O cometa de 1547 sobre o Bósforo. Istanbul Üniversitesi Kütüphanesi.

À direita. Porta interna egípcia (cerca de 1300), demonstrando a fascinação islâmica por padrões geométricos sutis e complexos. Estes tinham a finalidade de explorar os princípios subjacentes à realidade e, nesse sentido, eram semelhantes aos interesses matemáticos dos pitagóricos. Museu Metropolitano de Artes, Nova York. Doação de Edward C. Moore, 1891.

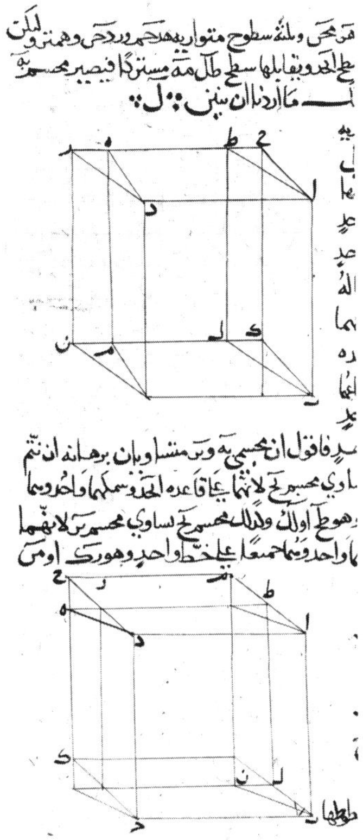

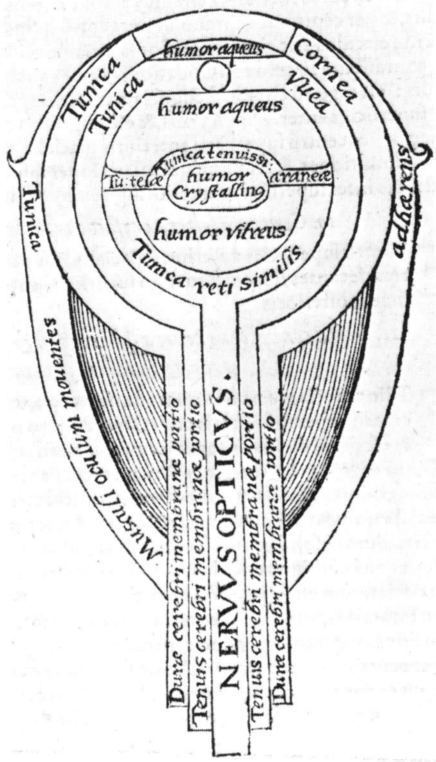

Extrema esquerda. Manuscrito do século IX dos *Elementos,* de Euclides, na versão revista por Thabit ibn Qurra. Biblioteca Bodleian, Oxford.

À esquerda. Edição ocidental do estudo de Al-Haytham sobre a estrutura do olho. Esse trabalho e outros estudos de óptica estimularam muitas pesquisas durante a revolução científica. *Opticae thesaurus,* org. Risner, 1572.

À esquerda. Os Irmãos da Pureza, seita islâmica esotérica, cujas *Epístolas* revelam um estudo profundo de muitos assuntos científicos, incluindo biologia animal, mineralogia, música e matemática. Süleymaniye Kütüphanesi, Istambul.

À direita. O Mediterrâneo oriental e a Ásia Ocidental, num mapa de Ibn Hawqal, refletindo a geografia sagrada de muitos mapas islâmicos primitivos. Süleymaniye Kütüphanesi, Istambul.

À direita. Mapa do mundo compilado por Al-Idrisi, no princípio do século XII, para o rei normando Rogério II da Sicília. Foi descrito como sendo o "máximo da cartografia no mundo muçulmano": Al-Idrisi estava anormalmente bem informado sobre regiões tão distintas como a Escandinávia e a Nigéria (o norte está na parte inferior do mapa)

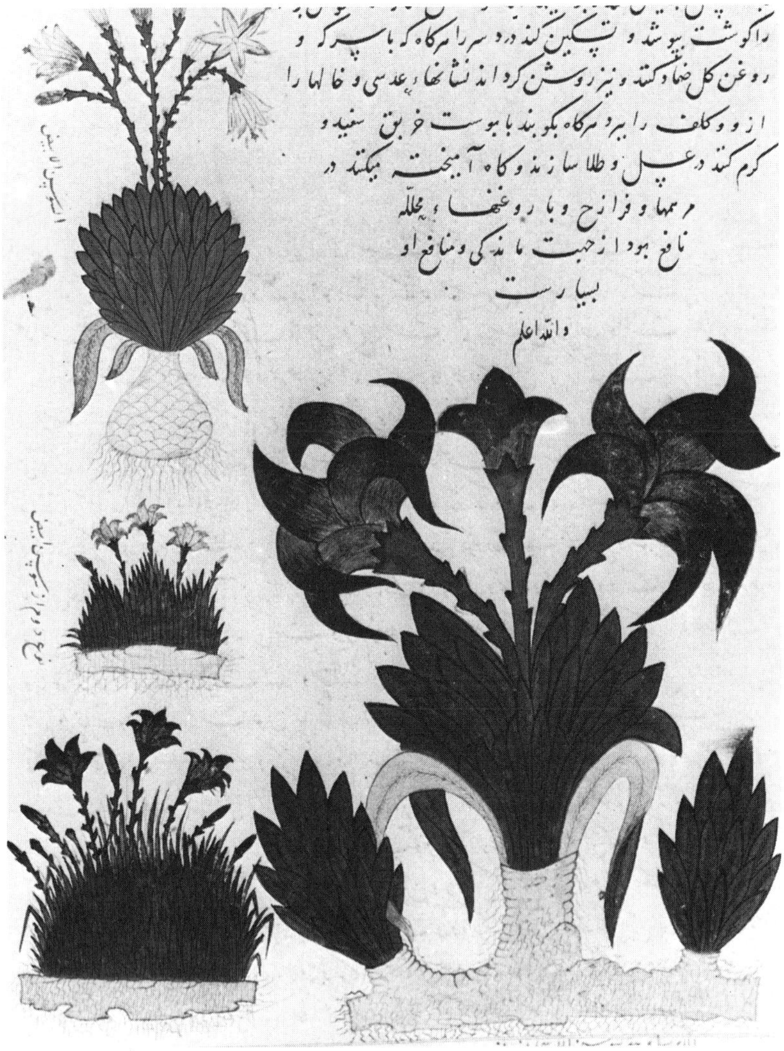

À esquerda. O íris e o lírio branco, em um tratado de botânica persa do século XV. O melhor trabalho botânico do mundo muçulmano foi feito na Pérsia e na Índia. Topkapi Sarayi Müzesi, Istambul.

À esquerda. O leão e o chacal, do *Kalilah wa Dimnah,* do século XV, uma coleção persa de fábulas morais sobre os animais. Topkapi Sarayi Müzesi, Istambul.

Acima. Ganso no ninho com ovos, da edição do século XIV ou XV do *Livro dos animais,* de Abu al-Jahiz. Biblioteca Ambrosiana, Milão.

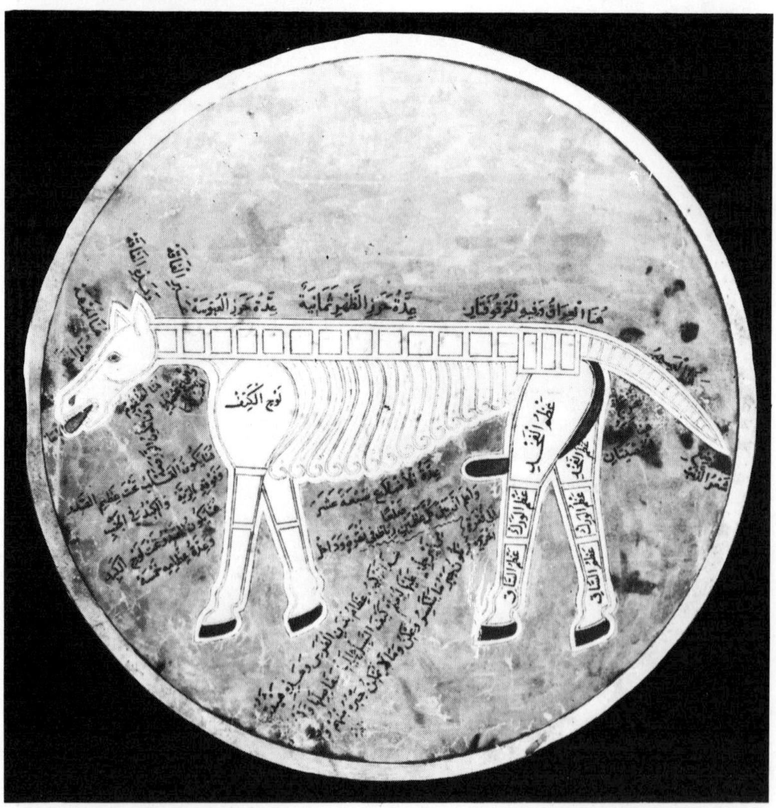

À direita. Desenho anatômico de um cavalo, de um manuscrito do século XV. O estudo dos cavalos formava a parte central da biologia islâmica. Istanbul Üniversitesi Kütüphanesi.

(hoje perdido) chamado *Os truques dos profetas;* homens de ciência, como Hipócrates e Euclides, pensava ele, eram muito mais importantes do que líderes religiosos. Na verdade, Al-Razi declarava que a religião era nociva, pois conduzia ao fanatismo que provocava guerras religiosas.

Ele adotou, em relação à ciência, uma atitude igualmente crítica e não autoritária. Julgando-a um assunto caracterizado por um contínuo progresso, ponto de vista que defendia energicamente contra os aristotélicos de sua época, para os quais o auge da ciência já fora atingido ou o seria em breve, Al-Razi estava sempre preparado para criticar antigas autoridades, fossem elas quem fossem, e até escreveu um livro intitulado *Dúvidas em relação a Galeno.* Não acreditava em dogmas científicos, quer eles viessem de Galeno ou de qualquer outro. Quanto ao mundo natural, Al-Razi tinha pontos de vista não muito diferentes dos de Demócrito, e, em sua opinião, eram os átomos que davam origem aos quatro elementos básicos.

Al-Razi foi um médico talentoso, e suas obras lhe granjearam grande reputação, entre as quais muitos manuais de grande amplitude e trabalhos especializados em varíola e sarampo. No entanto, suas opiniões em outras áreas, seu radicalismo e seus ataques antireligiosos o tornaram impopular, situação sintetizada, mais tarde, por Ibn Siná, segundo o qual Al-Razi devia ter ficado confinado a cocções, urina e excrementos e ser contido ao se intrometer em assuntos que estavam além dos limites de sua capacidade!

Ibn Siná foi várias vezes chamado de "Galeno islâmico" devido ao seu enciclopédico *Cânon da medicina,* que recebeu grandes louvores e foi considerado perfeito, exceto na Espanha muçulmana, onde se preferiam outros trabalhos de medicina. A difusão desse trabalho contribuiu para manter estagnada a medicina medieval islâmica e européia, mas não seria justo culpar apenas Ibn Siná por isso; tal estado deveu-se parcialmente à ultradesenvolvida reverência pela autoridade nos séculos XI e posteriores, juntamente com o fato de as idéias progressistas de Al-Razi serem geralmente inaceitáveis. Ibn Siná parece ter sido tanto um filósofo como um médico prático; de fato, não seria exagero dizer que ele suplantava Al-Razi no campo da filosofia, mas era-lhe inferior no da medicina. A maior parte da filosofia de Ibn Siná foi influenciada pelo Alcorão e por Aristóteles, embora não seja correto supor que ele não se tenha deixado influenciar pela ciência — apenas tendia a seguir a ciência tradicional.

Sobre o trabalho astronômico de Ibn Ruchd, ver páginas 103-104.

No século seguinte a Ibn Siná, surge Ibn Ruchd, que já citamos quando tratamos de astronomia. Na Andaluzia preferia-se o abrangente livro-texto de medicina de Ibn Ruchd ao de Ibn Siná, mas ele também parece ter sido mais um prático do que um inovador. Entretanto, no século XIII dois notáveis médicos elevaram a medicina árabe a novas alturas. Um deles foi Ibn al-Quff, nascido em Karak, às margens do Jordão, em 1233, filho de um árabe cristão que tinha um posto importante no governo dos califas Ayyubid. Excelente professor, Al-Quff mudou-se para Damasco e tornou-se cirurgião no quartel-general do exército mameluco na Síria, e desenvolveu uma

Ilustração à página 146

obra profusa, como um comentário sobre os pontos de vista científicos de Ibn Siná e uma série de livros de medicina; foi organizador do maior texto árabe sobre cirurgia, assunto em que tinha muita prática, já que os cruzados eram pródigos fornecedores de material nessa área. Hoje, Al-Quff é lembrado por suas descrições dos capilares e por suas explicações do uso das válvulas cardíacas. Isso aconteceu muito antes da descoberta do microscópio e precedeu em quatro séculos a descrição detalhada dos capilares feita por Malpighi, na Europa, mas a descrição de Al-Quff foi muito além de uma feliz adivinhação, mostrando uma observação muito cuidadosa.

O outro médico notável do século XIII foi o cirurgião Ibn al-Nafis. Nascido próximo a Damasco, estudou medicina no Hospital Nuri, fundado no século anterior por Nur al-Din (Nuredin). Mais tarde, mudou-se para o Egito e, embora se desconheça o hospital em que ensinou e trabalhou, foi também o médico pessoal do governante mameluco Al-Zahir, posto que lhe dava ascendência sobre os outros médicos praticantes. Pelo seu conhecimento da lei religiosa e de jurisprudência, parece ter sido o candidato ideal para tal posto.

Al-Nafis escreveu seu *Livro geral da arte da medicina* quando tinha cerca de trinta anos — um trabalho compilado de oitenta volumes de anotações, que, contudo, representava apenas uma parte do incrível total de trezentos volumes que possuía. Dentre o material não publicado havia muita coisa sobre cirurgia, particularmente sobre técnica cirúrgica e cuidados pós-operatórios, assim como detalhes sobre os deveres do cirurgião e suas relações tanto com os pacientes como com as enfermeiras. Al-Nafis escreveu também um comentário sobre a *Natureza do homem,* de Hipócrates. No entanto, a principal razão para que esse prolífico escritor seja hoje lembrado é a sua descoberta da pequena circulação do sangue, isto é, a circulação entre o coração e os pulmões. Com esse trabalho, mostrou corajosamente que Galeno estava completamente enganado ao supor que o sangue atravessava o coração de um lado para o outro. A descoberta de Al-Nafis foi importante, e ocorreu três séculos antes de a circulação ser descrita na Europa por Serveto (1553) e Colombo (1559) — cerca de trinta anos após as idéias de Al-Nafis terem atingido o Ocidente.

Ilustração à página 145

Sobre Serveto e a pequena circulação do sangue, ver volume III, capítulo 7, "Ciência médica".

Alquimia e química

Antes de terminar a descrição da ciência árabe, devemos dar uma passada d'olhos na alquimia, essa mistura de ciência, arte e magia que floresceu gradualmente até atingir uma forma inicial de química. A alquimia referia-se à transformação da substância dos objetos na presença de um agente espiritual, muitas vezes chamado de "pedra filosofal". O próprio alquimista não era intocável por tais transformações. Usavam-se metais e minerais, mas se acreditava que participavam não apenas como corpos materiais, mas também como símbolos do mundo cósmico do homem — daí sua correlação, em desenhos e manuscritos de alquimia, com sinais astrológicos: por exemplo, o sinal do Sol indicava o ouro, o da Lua, a prata, enquanto o de Mercúrio significava mercúrio e Vênus, o cobre. Era uma "ciência" que envolvia o cosmo e a alma, em que a natureza era um domínio sagrado, que fazia nascer minerais e metais. Assim, embora inspirasse muito misticismo, também estimulava um estudo cuidadoso de minerais e metais, que posteriormente seria usado na ciência autêntica. Na Arábia, esta última não só abrangia descrições gregas, indianas e persas, como também se voltou novamente para algumas substâncias. Muitos cientistas árabes estavam envolvidos nessa atividade, principalmente Al-Biruni, que escreveu um enorme compêndio de mineralogia, *O livro do grande conhecimento das pedras preciosas,* e Ibn Siná, em cujos *Livro da cura* e *Cânon da medicina* há classificações de minerais e metais e descrições de suas formações, segundo sua concepção.

Sobre a alquimia na China, ver página 121; na Índia, páginas 76-77.

O maior alquimista foi Jabir ibn Hayyan, cujo trabalho abarcou o fim do século VIII e o princípio do século IX. Ibn Hayyan (ou Jabir, como é comumente conhecido) tinha uma filosofia total da natureza baseada no conceito do microcosmo-macrocosmo e numa profunda crença na interligação das forças cósmicas e terrestres. O reino mineral tinha especial significado nesse esquema, que incluía fenômenos como a transmutação de metais básicos em ouro. Ele aceitava o hilomorfismo — a doutrina aristotélica dos quatro elementos e quatro qualidades —, e dessas quatro qualidades (quente, frio, seco e úmido) obteve dois princípios básicos, o mercúrio e o enxofre, que estariam presentes em toda a alquimia subseqüente, tanto árabe como européia. Esses dois princípios não eram as substâncias reais que conhecemos como mercúrio e enxofre, mas princípios de ação, como os princípios masculino e feminino ou os Yin e Yang chineses. Era o "casamento" desses dois princípios que fazia surgir todos os diversos metais existentes na natureza, os quais diferiam apenas na proporção de mercúrio e enxofre que continham e nas influências celestes sob as quais seus princípios haviam sido reunidos. Jabir acreditava que as influências celestes se deviam à natureza "extraordinária" e "extraterrestre" de todos os metais; eram a insígnia dos planetas no plano terrestre (o Sol e a Lua estavam entre os planetas no sentido que Jabir usava essa palavra). Ele acreditava também nas relações numéricas entre os metais. Assim, quando aplicadas aos metais, cada uma das quatro qualidades (quente, frio, seco, úmido) devia ser dividida em 4 graus e cada grau, em 7 partes, perfazendo o total de 28, número igual ao das letras do alfabeto árabe. Havia também quatro naturezas que podiam ser expressas pela série 1, 3, 5, 8, que totaliza 17, a chave para o entendimento da estrutura do mundo. O número 17 era também relacionado ao quadrado mágico, cujos números componentes eram, eles mesmos, relacionados com a escala de notas musicais pitagórica, as proporções estruturais da Babilônia e o santuário simbólico chinês para o céu, o Ming Tang (Mansão da Luz), erigido pela imperatriz Wu em 688.

Sobre Yin e Yang, ver páginas 25-26.

O esquema de Jabir buscava ordenar uma série de substâncias distintas na natureza, mas ele o fez procurando correspondências entre os mundos natural e sobrenatural. Era um descendente da alquimia, que se desenvolveu nos séculos II e III em Alexandria, mais notadamente nas mãos de Zósimo e de outros elementos derivados do misticismo pitagórico e da alegoria persa. Entretanto, não foi apenas um esquema imaginado para ordenar o caos, mas um sistema para desenvolver técnicas pelas quais as forças espirituais poderiam ser usadas para transcender o cosmo. E, para Jabir e outros pensadores islâmicos de sua época, esse cosmo não era um mero reino físico, como a ciência o visualiza hoje; era, antes, um domínio com uma variedade de níveis de existência, iluminado pela revelação islâmica. Consistia em um conglomerado de esferas, dos quatro elementos e dos signos do zodíaco, no qual os 28 nomes representavam seu papel, e o ponto dominante era o supremo céu do trono divino: um lugar onde o Profeta era o símbolo de tudo o que era positivo.

Ilustração à página 150

A transmutação dos metais básicos em ouro era encarada não apenas como um processo físico, mas a intrusão de um princípio superior que operava no mundo natural, e estava ligada à idéia de um elixir que era, ele mesmo, relacionado com conceitos alquímicos de morte e ressurreição, dissolução e coagulação. Mas a transmutação era realmente possível? Teria ocorrido alguma vez? Essas foram questões debatidas por toda a história islâmica. Os teólogos em geral não a aceitavam, nem gostavam da alquimia e de outras ciências ocultas, embora houvesse exceções. O mutazilita Qadi Abd al-Jabar apoiava a idéia, e a maioria dos médicos e filósofos cientistas aceitava a transmutação, embora Ibn Siná, aceitando o conceito de mercúrio e enxofre, a censurasse.

Como se poderia predizer, um racionalista insensível como Al-Razi rejeitava muito do misticismo da alquimia e se concentrava mais nos resultados experimentais obtidos pelos alquimistas. Apesar disso, ainda tendia a usar grande parte da linguagem da alquimia — escreveu *O livro de segredos* e *O livro do segredo dos segredos,* títulos que sublinham o lado esotérico e arcano da alquimia —, embora tenha descrito claramente, e sem mistério algum, muitos processos químicos, como a destilação e a calcinação (processo em que os materiais são aquecidos a uma alta temperatura, sem fusão, a fim de se obterem mudanças como a oxidação ou a pulverização). Classificou, também, as substâncias de acordo com o "reino", animal, vegetal e mineral — o que então constituía um útil esquema farmacológico —, e estava interessado na aplicação dos compostos químicos na medicina. A tradição que atribui a Al-Razi o pioneirismo no uso medicinal do álcool é incorreta, mas foi ele que começou a transformar a alquimia islâmica em ciência química.

No século X, tanto Ibn Siná como Al-Farabi escreveram sobre elixires e outros assuntos relacionados com a alquimia, mas não sobre a própria alquimia, e um século depois Abu'l-Hakim al-Kathi escreveu um útil guia sobre os aparelhos alquimísticos. Na verdade, a

Ilustração à página 146

alquimia foi conduzida lado a lado com a concepção mais pragmática das reações químicas por aqueles que rejeitavam seu misticismo e, embora ela tenha sido uma das heranças da cultura árabe ao Ocidente, foi também acompanhada pela protoquímica iniciada por Al-Razi e outros.

ALQUIMIA E QUÍMICA

Sobre a alquimia no Ocidente durante a Renascença, ver volume III, capítulo 7, "Química".

Estágios finais da ciência árabe

Pelo que foi dito aqui, não há dúvida de que filósofos e cientistas, geógrafos, historiadores naturais e médicos de cultura árabe contribuíram materialmente para a soma do conhecimento humano a respeito do mundo natural. Isso foi parte de seu legado ao Ocidente do fim da Idade Média; a outra, como vimos, foi todo o corpo da ciência grega, algumas vezes filtrada através da peneira da cultura islâmica; outras, não. No entanto, embora os antigos árabes e todo o mundo islâmico tenham estudado ciência e dado contribuições notáveis, suas realizações chegaram ao fim; eles não alcançaram a ciência moderna.

O islamismo exalta o valor da revelação acima de tudo o mais: é a autoridade suprema. Isso não quer dizer que a razão seja desacreditada, longe disso; o uso do intelecto humano é apreciado como um dom divino, mas deve estar sempre sob o controle da revelação. Os *mutazilitas,* que surgiram por volta de 700, estavam conscientes disso; deram tanto valor à razão que afirmaram poder esta atingir as maiores profundezas da crença religiosa. Por outro lado, os *asharitas,* cujos pontos de vista apareceram pela primeira vez cerca de dois séculos mais tarde, condenaram o uso ultrazeloso da razão e sua "adulteração" do dogma religioso, e, por cerca de dois séculos, as duas escolas rivais discutiram entre si, até que, durante o século XII, os argumentos *asharitas* ganharam a disputa. E aí, então, sobreveio a atitude de aceitação passiva. Essa atitude era inevitavelmente inimiga do pensamento científico independente, na medida em que predominou o tradicionalismo intelectual. O islamismo nunca separou religião e ciência em compartimentos estanques, como fazemos agora, e a tocha da ciência teve de ser conduzida por outros.

Capítulo 6

Ciência romana e medieval

Vamos retornar agora aos primeiros séculos da era cristã para apreciar o desenvolvimento da ciência no Ocidente. Enquanto no Oriente Médio o islamismo foi o maior responsável pela preservação do pensamento grego, no Ocidente foi, primeiro, a atitude dos romanos em relação ao trabalho dos cientistas e pensadores gregos e, mais tarde, o domínio do cristianismo sobre todos os aspectos da atividade intelectual européia.

Pensamento romano

Desde o século III a.C., na época em que Eratóstenes, em Alexandria, media o tamanho da Terra, Roma já governava a Itália. Duzentos anos depois, os romanos controlavam quase todo o Mediterrâneo, inclusive o mundo grego, e estabeleceram um império que deveria prover um grau sem precedentes de paz, coesão e lei a uma região que se estendia do Egito à Bretanha. A unidade cultural imposta por esse império, e entesourada nas cidades e estradas construídas por toda parte, foi responsável pela transmissão do aprendizado e das artes do Mediterrâneo para as áreas anteriormente atrasadas da Europa setentrional. A unidade desse império viu-se ameaçada no século III d.C. e, em 285, ele se dividiu no Império do Oriente, com base em Bizâncio (que deveria sobreviver até o século XV), e do Ocidente, ainda com base em Roma. O Ocidente ficou cada vez mais sujeito a invasões bárbaras, mas a dominação cultural de Roma se manteve nas instituições da Igreja Cristã.

Em geral diz-se que os romanos eram um povo prático e tecnológico, não muito dado à especulação intelectual; quanto ao pensamento abstrato, eles se voltavam aos gregos em busca de inspiração. Mesmo assim, considerando-se as complexas formulações do direito romano e o arrojo de sua arquitetura nos grandes aquedutos e basílicas, ainda é de admirar que eles realizassem tão poucos trabalhos científicos teóricos. Talvez seja menos surpreendente o fato de que o trabalho realizado tendesse a ser um glossário das idéias gregas. Assim, até o poeta, orador e filósofo Cícero, que viveu no século I a.C., baseou-se fortemente nas idéias de Epicuro e Demócrito, enquanto seus pontos de vista cosmológicos mostravam a grande influência de Ptolomeu. Outros pensadores notáveis do mundo romano eram na verdade gregos em origem e cultura; o médico Galeno, que algumas vezes trabalhou como cirurgião dos gladiadores de Pérgamo, foi um deles.

Mas estaríamos muito errados se disséssemos que a civilização romana foi um desastre científico e intelectual. Embora os pensadores romanos não fossem dados a especulações científicas, nem os patrocinadores romanos a apoiar experiências científicas, o respeito que os romanos tinham pelo mundo grego era impressionante. Mesmo nos últimos dias do Império do Ocidente, os trabalhos de Platão, Aristóteles e Homero eram ensinados como ideais de pensamento claro e boa escrita; e, em geral, a lógica e a natureza não-metafísica do pensamento grego agradavam à mentalidade romana. Assim, Roma exerceu um papel vital em manter vivas as idéias gregas, papel esse que deveria ser muito mais apreciado pelos estudiosos da Renascença, mil anos após a queda final do Império Romano do Ocidente.

Plínio

Plínio, ou Gaius Plinius Secundus (conhecido também como Plínio, o Velho), nasceu em Como, Itália, em 23 d.C., de família abastada, e foi educado em Roma. Ao que se pode determinar, nunca se casou, e certamente adotou seu sobrinho Plínio, o Moço, como herdeiro. Esse sobrinho tornou-se senador, ingressando, assim, na mais alta ordem da cidadania romana, mas o próprio Plínio foi um cavaleiro *(eques),* membro da ordem imediatamente inferior, e teve de começar a cumprir suas funções no serviço militar. Foi durante o serviço militar que percebeu sua inclinação para escrever, que se iniciou com um livro sobre o uso da lança pela cavalaria. Aos trinta e poucos anos, já com suas obrigações militares cumpridas, Plínio estabeleceu-se em Roma, onde provavelmente praticou a advocacia assim como a escrita, e com o tempo se tornou amigo dos imperadores Vespasiano e Tito. Plínio é hoje lembrado por dois trabalhos; pelos historiadores de arte, por sua história das belas-artes, que é a mais antiga sobrevivente de sua espécie no Ocidente; pelo mundo científico, por sua *História natural.*

A *História natural* de Plínio é um monumento ao entusiasmo e à perseverança de um homem cujos esforços eram ilimitados, que podia agüentar pouco sono e cuja palavra de ordem era "Viver é estar desperto". Dedicado a Tito, o livro é considerado uma compilação baseada em cem principais autores que, declarava Plínio, lhe forneceram 20 000 fatos úteis; no entanto, parece que suas fontes realmente cobriram não menos que 473 autores, e os fatos que reuniu totalizaram perto de 35 000. Destinado ao uso prático, contém excelentes e esmeradas descrições, bem como muita imaginação e um estilo excêntrico; infelizmente, contudo, nem sempre se podia confiar em suas citações de fontes, e também era um tanto crítico, de modo que o fabuloso aparecia ao lado do prosaico. O trabalho, contudo, é uma magnífica compilação, apesar de suas falhas; pode não ser considerada uma obra científica, mas, durante séculos, realmente estimulou grande interesse pelo mundo da natureza.

A última missão de Plínio foi comandar a frota da baía de Nápoles, cuja obrigação era suprimir a pirataria. Foi durante essa viagem que, em 79 d.C., lhe transmitiram a notícia de uma formação irregular de nuvens (devida, soube-se depois, à erupção do Vesúvio), e ele foi à praia observar o fenômeno e acalmar a aterrorizada população da área. Infelizmente, foi envolvido pela fumaça e morreu nessa ocasião.

Galeno

Nenhum acidente dessa natureza ocorreu a Galeno, cuja importância na história da medicina e do pensamento médico medieval, tanto na Arábia como no Ocidente, dificilmente pode ser superada. Nasceu em 129 ou 130, em Pérgamo. Aos dezesseis anos, decidiu estudar medicina, e, ainda estudante, começou a compilar livros médicos; é como autor de numerosos tratados médicos que foi relembrado mais tarde. De Pérgamo, mudou-se para Esmirna e daí para Corinto e Alexandria, a fim de completar seus estudos de medicina. Retornou a Pérgamo por algum tempo, aos 28 anos, como médico oficial dos gladiadores, cargo através do qual teve acesso a conhecimentos úteis sobre nervos, músculos e tendões. Em 161, mudou-se para Roma, onde organizou uma prática médica que floresceu rapidamente graças a algumas curas surpreendentemente bem-sucedidas realizadas em pacientes influentes.

Em Roma, Galeno foi apresentado a Flávio Boécio, membro influente do governo, que estimulou o jovem tanto a escrever livros sobre fisiologia e anatomia como a dar aulas públicas e demonstrações de anatomia, que eram então muito populares. Isso fez com que fosse notado por outros altos funcionários e, no devido tempo, se tornasse o médico da família imperial. É claro que ele soube tirar o melhor partido de suas oportunidades, mas tudo indica que era mais que um médico competente. Embora seus prognósticos fossem considerados sofríveis, parece ter sido brilhante na arte do diagnóstico. Adquiriu verdadeiro interesse pela medicina e apoiou intensamente os testes experimentais sobre sua eficiência, embora ele próprio nunca tenha elaborado uma concepção científica deles. Talvez por sua experiência em Pérgamo, Galeno não gostava de praticar a cirurgia — sua própria experiência reduziu-se, basicamente, a costurar feridas — e discordava dos seguidores de Erasístrato, que estavam tentando dar bases sólidas a esse campo da medicina. Apesar de suas palestras públicas e de seus escritos, Galeno parece não ter tido o desejo de divulgar seus conhecimentos pessoais; nunca teve discípulos.

Sobre Erasístrato, ver volume I, página 123.

O trabalho de Galeno em anatomia e fisiologia foi prejudicado pela dificuldade de se obterem cadáveres humanos para dissecação; em geral era forçado, como outros de sua profissão, a usar corpos de animais. Convencido da necessidade de experiências fisiológicas, deve ter achado isso muito maçante, o que o forçou a fazer uma série de especulações. Como médico, seguiu a tradição hipocrática — e nisso talvez esteja a origem do muito de seu sucesso —, mas seu pai lhe havia instilado um profundo senso filosófico, de modo que, ao se encontrar diante de problemas de anatomia e fisiologia, foi a Aristóteles que Galeno recorreu. Esse era o ensinamento que ele iria divulgar, e, em conseqüência, foi o ponto de vista aristotélico que permeou a medicina ocidental até o século XVII.

Aristóteles chamara atenção para a importância do sangue na formação dos tecidos do embrião em desenvolvimento, e concluíra que era o sangue que nutria e mantinha a carne do adulto. Galeno concordou com essa tese. E Erasístrato estabelecera uma relação entre a digestão e o sangue, por intermédio do fígado; a comida, digerida no estômago e nos intestinos, passava para o fígado como quilo, por meio das veias mesentéricas, e ali era convertida em sangue. Do fígado, por uma veia cava (a *vena cava),* o sangue ia para o lado direito do coração, e daí para o resto do corpo. Galeno aceitou também essa tese, pois lhe permitia adotar um esquema em que a "alma vegetativa" de Aristóteles podia operar, considerando o fígado como o centro vegetativo do corpo, atraindo os elementos formadores de sangue do quilo. Além disso, Galeno também estava de acordo com a teoria de Erasístrato, segundo a qual o sangue da *vena cava,* que entrava pelo ventrículo direito do coração, nutria os pulmões e era impedido pelas válvulas de retornar ao corpo.

Entretanto, Galeno não concordava plenamente com outras idéias de Erasístrato e Aristóteles. Por exemplo, ao estudar a distribuição do sangue em um animal, Aristóteles disse que ele deveria ser estrangulado, antes de ser dissecado, de modo a que o sangue ficasse retido dentro do corpo. Era uma idéia infeliz, pois significava que as artérias e a parte esquerda do coração ficariam fortemente drenadas de sangue, com as artérias parecendo tubos vazios, e isso induziria muitos médicos ao erro, inclusive Erasístrato. De fato, ele chegou a basear nesse fato parte de sua fisiologia, explicando que o "pneuma" [1], ou "espírito", passava dos pulmões para as artérias "vazias" e daí para todo o corpo. As dificuldades de Galeno residiam no fato de suas próprias observações tornarem claro que o sangue estava normalmente presente em todas as artérias; ele não podia, portanto, usar o conceito de Erasístrato a respeito da circulação do pneuma e teve que criar novas teorias acerca das funções desse órgão e das artérias. Isso o levou a cometer um erro fundamental.

Galeno começou por admitir que a principal função da respiração era aspirar o ar a fim de resfriar o sangue e até o próprio

---

1 O pensamento antigo freqüentemente associou o conceito de vida emocional, psíquica ou intelectual — enfim, de vida espiritual — a ar, sopro, respiração. Considerava que, quando o homem morre, a alma sai do corpo através do último suspiro. Daí a expressão, ainda atual, "sopro de vida". O ar respirado, pensavam, trazia nele a própria vida ou, de alguma forma, em parte, nela se transformava. Essa é a identificação entre pneuma e espírito feita pelo autor. (N. da R. T.)

coração, por meio da veia pulmonar (que vai dos pulmões ao ventrículo esquerdo do coração). O ar aquecido, então, retorna aos pulmões. Ele conhecia a pulsação do sangue nas artérias, mas não lhe deu importância, alegando o fato de que, quando o coração estava dilatado, uma onda de dilatação passava pelas paredes das artérias — idéia originalmente concebida por Herófilo. Assim, declarou que as artérias se enchiam de sangue das veias e do pneuma do ar circundante, através dos poros da pele. Desse modo, todo o corpo respirava e o calor inato penetrava em todos os lugares. Se, naturalmente, esse pulso arterial fosse cortado de um membro — por um torniquete, por exemplo —, então esse membro ficaria pálido e frio, pois o calor inato não receberia mais nutrição do pneuma. Isso tudo parecia bastante lógico, mas significava que Galeno tinha que modificar os ensinamentos de Erasístrato a respeito das válvulas cardíacas — o ar aquecido podia, afirmou ele, retornar pela válvula entre o ventrículo e a aurícula esquerdos, mas, do lado direito, pensava, a válvula não podia ser contornada. Isso criava um problema. O sangue que entrava no ventrículo direito pela *vena cava* não poderia retornar; na verdade, parte dele ia pela artéria pulmonar, mas não o bastante (pois a artéria pulmonar era mais estreita que a *vena cava).* Galeno, então, concluiu erradamente que uma pequena quantidade de sangue se infiltrava do lado direito do coração para o esquerdo.

Concepção de Galeno sobre o fluxo do sangue através do coração.

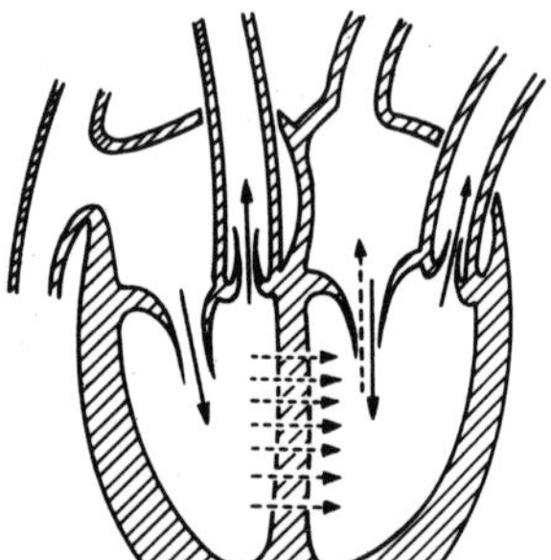

Todo o sistema galênico foi ainda mais complicado, posteriormente, por sua crença na alma tripartida de Platão — nutritiva, animal e racional —, o que não o impediu de ser considerado um sistema engenhoso. Essencialmente, propunha que o fígado e as veias forneciam nutrição ao corpo; os pulmões, o ventrículo esquerdo e as artérias mantinham a respiração e o calor inato por todo o corpo, enquanto o cérebro e os nervos controlavam as sensações e o movimento muscular por meio de um pneuma psíquico especial. Sistematizadores posteriores reconheceram três formas de espírito: espíritos naturais, formados no fígado; espíritos vitais, formados no coração e nas artérias, e espíritos animais, no cérebro. Esse, então, foi o esquema fisiológico básico da medicina medieval. Foi adotado como o esquema fundamental da medicina muçulmana, como vimos, e difundido por todo o Ocidente. Na verdade, esse esquema foi tão fundamental no Ocidente que, nas aulas de dissecação na universidade, os trabalhos de Galeno eram lidos em voz alta pelo "leitor" e as partes da anatomia, indicadas pelo "demonstrador" — ainda mantemos esses títulos acadêmicos —, havendo pouca ou nenhuma idéia de investigação ou dissecação independente realizadas pelos estudantes. Mas essa confiança na autoridade não estava confinada aos estudos de medicina; difundia-se por todos os ramos do ensinamento.

Sobre a antiga idéia mesopotâmica da importância do fígado, ver volume I, página 38; sobre o conhecimento anatômico islâmico, ver páginas 125-126.

Sobre a derrubada da ortodoxia galênica por Vessálio, ver volume III, capítulo 7, "Ciência médica".

Cristianismo e ciência medieval

De seu obscuro início como uma pequena seita judaica, o cristianismo, a partir do século IV, tornou-se a religião oficial de Roma depois da conversão de Constantino, o Grande, em 312. Assim, seus sacerdotes e bispos ficaram investidos de uma autoridade e um poder que antes lhes eram negados.

Qual foi a atitude dessa nova religião em relação à ciência? Encorajou ou não o estudo do mundo natural criado por Deus? Como é comum em assuntos dessa natureza, houve uma série de divergências entre os cristãos. Por um lado, podia-se dar uma boa razão para ignorar todos os estudos seculares — científicos ou outros — e concentrar toda a atenção no importante tema da salvação de almas. E, já que a ciência, no mínimo, significava voltar às fontes gregas, aos ensinamentos pagãos, seria pelo menos prudente deixá-la de lado para que a mente não ficasse contaminada de idéias perigosas, prejudicando as almas cristãs. Por outro lado, havia uma concepção diametralmente oposta. Se Deus fez o mundo, e viu que estava bom, então estudar seu trabalho através da ciência só poderia provocar uma sensação de esplendor diante de tão divina sabedoria, e uma admiração por tais maravilhas que o Criador permitia que o homem visse. Do lado da ciência, com a poderosa crença de que a contemplação das obras de Deus só poderia trazer um aumento da consciência em relação à onipotência e à sabedoria da divindade, estava Aurelius Augustinus, que mais tarde seria canonizado como Santo Agostinho.

Santo Agostinho

Agostinho nasceu em Tagasta, na província romana da Numídia (atual Argélia), em 354; seu pai era um pequeno funcionário do governo e sua mãe, cristã. Educado nos clássicos e na retórica, tornou-se professor dessa matéria em Cartago, aos 21 anos de idade, ensinando depois em Roma e Milão, onde foi também professor de retórica.

Agostinho foi sucessivamente atraído pelas doutrinas religiosas maniqueístas, pelos filósofos gregos e pelo neoplatonismo. Certamente, nesse estágio, Agostinho procurava apenas uma espécie de satisfação intelectual, mas repentinamente experimentou uma conversão dramática, centrada nas Epístolas de São Paulo. Adotou quase literalmente o texto (Romanos 13, 14) "Revesti-vos do Senhor Jesus Cristo e não tenhais cuidado da carne para satisfazer seus desejos", e abandonou o mundo, retirando-se para a vida monástica. Foi batizado em 387.

Essa mudança de Agostinho foi permanente e, depois da devida meditação, decidiu que devia retornar ao norte da África, onde começou a escrever sobre filosofia e metafísica com a convicção de um convertido, iluminado pela certeza e a realidade de sua experiência interior. O resultado foi tão impressionante que seus trabalhos exerceram imensa influência. Em breve, porém, teve que renunciar à vida monástica, pois foi consagrado bispo de Hipona, Numídia, então dos maiores centros de influência cristã do norte da África, onde despendeu muito tempo em viagens e obrigações pastorais. Morreu em 430.

Agostinho não escreveu nada em matéria de ciência, nem fez observações científicas de qualquer espécie; no entanto, marcou um estágio decisivo no desenvolvimento do pensamento e sistemas de valores do qual deveria emergir a ciência do mundo ocidental. Os filósofos gregos haviam feito a corajosa declaração de que o verdadeiro conhecimento do universo poderia ser obtido pelas ciências que o próprio homem construíra — acreditavam que a geometria era uma prova do que diziam —, mas agora, quando a ciência grega já fora em grande parte esquecida, a Igreja vinha com uma mensagem que, embora religiosa, tinha claramente tonalidades filosóficas. Nas mãos de Agostinho, a ciência tinha um papel a desempenhar na religião cristã; ele acreditava que tudo, inclusive o mundo natural — que dependia exclusivamente de Deus —, devia ser essencialmente bom. O universo, cuja criação foi evidentemente o ato de um Criador inteligente, devia ser bom. Seu estudo só podia ser bom e conduziria a um maior apreço da sabedoria divina.

Agostinho encontrava-se numa bifurcação entre os segmentos oriental e ocidental do cristianismo; desviou-se dos pontos de vista dos gregos e orientais sobre a história como processo cíclico, e via o tempo como uma progressão de sentido único, acreditando que a história partia de um princípio em direção a um fim. Também rejeitou a astrologia, pois, a partir de sua experiência maniqueísta, pensava que ela implicava uma negação da liberdade do homem; este, ele sabia, tinha liberdade de escolher entre o bem e o mal. Para fazer a escolha acertada, necessitava do auxílio divino e de uma fé bastante forte, mas então Agostinho punha a fé acima de todas as coisas. De fato, acreditava que a fé tinha prioridade até sobre o conhecimento, embora ainda julgasse desejável para o homem adquirir conhecimento, epitomizando a teologia como "a rainha das ciências". Assim, em um período crucial, o cristianismo ocidental encontrou em Agostinho um paladino da ciência e da aprendizagem. Sua teoria da natureza divina do conhecimento dominou o pensamento ocidental durante gerações; de fato, apenas no século XIII esse pensamento foi desafiado nas universidades de Oxford e de Paris, à luz dos recém-descobertos ensinamentos de Aristóteles. Mas já era outra época.

Entretanto, se Agostinho estava do lado dos que buscavam o conhecimento, tornou-se claro que, por séculos, a Igreja cristã deu pouca importância à ciência. Preocupava-se com outros assuntos. Surgiram questões que envolviam a ciência, como tinha de acontecer em uma comunidade que procurava regras para a determinação da Páscoa — e assim introduziu uma data baseada em calendário lunar entre datas civis determinadas em um calendário solar — e em uma Igreja preocupada com os problemas agrícolas que enfrentava, como o fracasso das colheitas e as epidemias que grassavam entre ovelhas e gado bovino. Mas essa ciência concentrava-se em problemas práticos, não em questões teóricas, o que fora deixado para trás com os gregos.

Beda, o Venerável

Típico dessa atitude foi o trabalho de Beda, o Venerável, monge de Jarrow, norte da Inglaterra. Nascido em 672 ou 673, foi aluno de Benedict Biscop, um clérigo culto que fundou mosteiros não só em Jarrow como em Wearmouth, e encorajou visitas de estudantes ingleses e europeus, de tal modo que suas fundações se tornaram uma espécie de centros culturais. Beda obviamente gostava da atmosfera intelectual que o circundava, embora, ao contrário de Biscop, ele, pessoalmente, nunca tenha viajado para visitar outros centros de cultura; de fato, diz-se que ele nunca se afastou mais de 80 quilômetros do mosteiro. Entretanto, tinha muito pouca necessidade de fazer isso, pois tinha a seu dispor uma excepcional seleção de material de referência.

Conhecemos Beda por sua obra prolífica, a principal voz daquilo que foi, por algum tempo, um florescimento da cultura inglesa. Metade do que escreveu referia-se à exegese da Bíblia, enquanto o restante aludia principalmente a materiais úteis para o ensino nas recém-emergentes escolas monásticas. Algumas obras dessa última tendência tratavam de ciência, particularmente o seu *computus*, um estudo da avaliação do tempo e do cálculo de datas, ambos assuntos vitais para as comunidades monásticas. Beda dedicou muito tempo ao cálculo de calendários; foi o primeiro no Ocidente a criar — ou pelo menos a ter registrado — um calendário com base no ciclo lunar "metônico", de dezenove anos, preparando e tabulando um ciclo de data de 532 anos para a Páscoa. Para isso, parece ter elaborado primeiro um trabalho prévio (um ciclo inicial de 84 anos e outro de 532), conseguindo conciliá-los. E foi Beda quem primeiro usou como data inicial o nascimento de Cristo, começando assim o uso por historiadores e, mais tarde, por outros da expressão "era cristã", ainda denotado hoje pelas letras "A.D.", *Anno Domini*, que significa "ano do Senhor"[1]. Beda também se interessava pelas marés, pois era um acontecimento notável em Jarrow e Wearmouth, duas cidades situadas junto à boca de rios que desaguavam no mar do Norte. Beda notou que os tempos das marés altas nesses lugares eram afetados por condições locais, passando assim a prestar atenção ao fenômeno que deveria, mais tarde, ser conhecido nos portos marítimos de todo o mundo como "o estabelecimento do porto".

Sobre o ciclo metônico, ver página 37.

O renascimento do ensino grego

Beda representa o homem instruído dos séculos iniciais — embora não seja o mais antigo — da era cristã na Europa ocidental. A ciência era apenas uma pequena parte de sua escolaridade, que estava centrada na fé, como esta era vista pela Igreja e revelada nas Escrituras. Todos os estudiosos, assim como Beda, eram clérigos cujas mentes estavam mais inclinadas para os assuntos da salvação e da glorificação de Deus do que para questionar os detalhes do universo natural. Viviam numa atmosfera que condenava a investigação e o pensamento independente, e não é de admirar que nos séculos subseqüentes não tivesse havido especulação científica; esse conhecimento do mundo natural, que era corrente, baseava-se em comentários que divulgavam alguma coisa das idéias originais gregas embora somente de forma deturpada e truncada. Era uma forma

1 Na língua portuguesa, empregamos a expressão "depois de Cristo" e as letras "d.C." com o mesmo significado. (N. da R. T.)

pouco satisfatória, mas conseqüência natural do senso de prioridades eclesiástico, e permaneceu imutável até que a bomba intelectual do ensino grego original explodisse no Ocidente no século XII.

Esse repentino influxo do ensino grego apareceu primeiro sob a forma de traduções latinas de textos islâmicos, fosse de trabalhos originais árabes, como a *Álgebra,* de Al-Khwarizmi, e a óptica de Ibn al-Haytham, que chegou ao Ocidente como *Opticae thesaurus* ("Tesouro da óptica"), ou como traduções e comentários de árabes sobre textos gregos de Aristóteles. Mais tarde, os textos gregos se tornaram disponíveis em latim e em grego. Grande parte dos primeiros trabalhos foram feitos em Toledo, cidade da Espanha islâmica, por homens como Adelard de Bath, Gerard de Cremona e Michael Scot. Adelard, o futuro tutor de Henrique II da Inglaterra, foi o responsável por muitas traduções científicas em latim, inclusive a de uma versão árabe dos *Elementos,* de Euclides, que deveria ser, por séculos, o texto básico de geometria no Ocidente, enquanto Gerard foi outro tradutor prolífico, com cerca de oitenta trabalhos a seu crédito, incluindo o *Almagesto,* de Ptolomeu. Michael Scot (1175-1232), famoso como astrólogo e feiticeiro, e também por ter sido mencionado no *Inferno,* de Dante, e por Boccaccio, finalmente se estabeleceu na corte do sagrado imperador romano Frederico II, cujo reino, na Sicília, era outra importante rota pela qual a sabedoria árabe atingia a cristandade. Scot também era lingüista, tradutor de trabalhos tanto do hebraico como do árabe, e foi responsável pelas versões latinas dos comentários de Ibn Ruchd sobre uma série de trabalhos científicos de Aristóteles e de um texto de Al-Bitruji que
Ilustração à página 121
continha uma descrição das esferas celestes. Entretanto, esses estudiosos não estavam sós; havia outros trabalhando nessa nova casa de tesouro do saber.

Entre os primeiros a serem afetados por esse recente conhecimento estavam as novas universidades de Paris e de Oxford. Eram os arquétipos da universidade da Europa ocidental. A de Paris foi fundada por volta de 1170, como um desenvolvimento das escolas da Catedral de Notre-Dame, seguida de perto por Oxford, que também surgiu das escolas fundadas no século IX pelo rei Alfredo. Paris tornou-se rapidamente um grande centro de teologia cristã ocidental e, por volta de 1220, as ordens mendicantes — dominicanos e franciscanos — começaram a ensinar ali. Em Oxford, os franciscanos iriam encontrar uma força considerável, e produziram dois grandes cientistas, Robert Grosseteste e seu aluno Roger Bacon, ambos muito versados na série de traduções das fontes árabes então disponível.

Robert Grosseteste e Roger Bacon

Grosseteste nasceu no leste da Inglaterra, provavelmente em Suffolk, por volta de 1168, e parece muito provável que tenha freqüentado a Universidade de Paris entre 1209 e 1214. Até sua morte, em 1253, foi a figura central, na Inglaterra, do importante movimento intelectual da primeira metade do século XIII. Teve várias ordenações eclesiásticas e realizou algumas conferências em Oxford. (Esteve lá certamente por cinco ou seis anos, antes de ser consagrado bispo de Lincoln, em 1253.) Em Oxford, era o principal leitor de teologia para os franciscanos, que chegaram à universidade em 1224, mas sua influência era maior do que pode parecer por essa única designação. Foi Grosseteste quem não só conduziu os franciscanos ingleses ao estudo das Escrituras e das línguas, como também lhes ensinou matemática e ciência natural; em suma, sua influência foi imensa numa época em que o novo conhecimento da ciência e da filosofia gregas estava tendo um efeito profundo em toda a filosofia cristã.

O próprio Grosseteste tinha grande curiosidade das coisas naturais e escreveu importantes textos a respeito de astronomia, cosmo, som e, particularmente, de óptica. Seu conhecimento geral dos trabalhos de Aristóteles também o estimulou a escrever sobre a natureza da pesquisa científica. A ciência, dizia, começou com a experiência dos fenômenos pelo homem, que era usualmente complexa. A finalidade da ciência era descobrir as razões para a experiência — encontrar suas causas. Então, tendo descoberto as causas — os "agentes causais" —, o próximo passo seria analisá-las, secionando-as em suas partes ou princípios componentes. Depois disso, o fenômeno observado deveria ser reconstruído a partir desses princípios, com base numa hipótese, e finalmente a própria hipótese teria de ser testada e verificada — ou invalidada — pela observação. Esses eram pontos de vista importantes, e o procedimento recomendado era valioso, pois continha a base essencial de toda a ciência experimental.

Ele fez também uma análise dos "agentes causais" como ponto de partida de um procedimento aristotélico, e a classificação das ciências para mostrar como algumas eram dependentes de outras. Assim, declarou que a óptica e a astronomia eram subordinadas à geometria, pois ambas usavam técnicas geométricas para explicar o comportamento dos raios de luz refletidos por espelhos ou refratados em vidro ou água, assim como o movimento dos corpos celestes. Por outro lado, declarava que a própria matemática só poderia fornecer um agente causal para um fenômeno, pois as causas materiais e, em termos de Aristóteles, "eficientes", só podiam ser fornecidas pelo próprio mundo físico.

As idéias de Grosseteste em relação às ciências eram significativas, especialmente tendo em vista sua influência como professor. De igual significação foi seu próprio trabalho científico, que, embora incluísse o som — ele era um grande amante de música e gostava de trabalhar nas relações matemáticas entre as notas — e a astronomia, versava principalmente sobre a óptica. Mas vale observar que, em astronomia, ele fez a interessante e, na época, muito nova sugestão de que as próprias estrelas eram compostas dos quatro elementos terrestres; era uma idéia que tinha todo tipo de implicações, mas não parece ter tido qualquer continuação. Escreveu também sobre o calendário, mostrando que o ano de 365, 25 dias e o ciclo lunar de dezenove anos não eram precisos, e advogava uma

Ilustração à página 148

medida mais precisa para a duração do ano e seu relacionamento com o mês.

Grosseteste considerava que a óptica era ciência física básica. A luz, pensava, foi a primeira forma de matéria-prima a ser criada, e ele a considerava uma substância física que se propagava a partir de sua fonte em um ponto de uma esfera, dando origem, assim, às três dimensões do espaço — interpretação original e interessantemente científica da criação tal como se lê no texto do primeiro capítulo do Gênese: "Faça-se a luz". Mas Grosseteste não se limitou à especulação filosófica sobre a luz; estimulado pelo trabalho de Al-Haytham, discutiu com detalhes o comportamento dos raios luminosos. Estudou os raios visuais diretos, refletidos e refratados, bem como a formação do arco-íris. Sobre a refração, ele tem um ponto de vista muito interessante, pois, quando menciona as imagens formadas pelas lentes e pelos espelhos, diz que tudo isso estava "intocado e desconhecido entre nós até o tempo atual" e que:

Sobre Al-Haytham, ver páginas 110-112.

"Essa parte da óptica, quando bem entendida, nos mostra como podemos fazer com que coisas situadas a grandes distâncias pareçam estar muito perto e coisas grandes e próximas pareçam muito pequenas, e como podemos fazer pequenas coisas colocadas à distância parecerem tão grandes quanto quisermos, de tal forma que nos é possível ler as menores letras a uma distância incrível, ou contar areia, grãos ou sementes ou qualquer espécie de objetos diminutos".

Isso aparece em seu *Sobre o arco-íris ou sobre refração e reflexo,* e se lê como uma descrição de lentes de aumento e de diminuição, e do telescópio. Entretanto, como veremos depois, pensa-se em geral que o telescópio não foi inventado senão 350 anos depois. Talvez, porém, Grosseteste tenha feito suficientes experimentos com espelhos côncavos e lentes de aumento e diminuição para se inteirar de que tal instrumento era possível, embora as qualidades ópticas de suas lentes tenham se mostrado sofríveis. Mas logo voltaremos a isso.

Ilustração à página 151

Grosseteste também discutiu a lei da refração da luz através de uma lente, embora não tenha chegado a uma conclusão concreta; isso só seria obtido em 1621 ou depois disso. No entanto, seu trabalho em óptica foi um grande acontecimento e forneceu uma rápida visão do estímulo ao trabalho científico e experimental que o influxo dos livros de ciência gregos iria trazer.

Como professor da universidade, Grosseteste teria tido estudantes sem conta, mas seu discípulo mais importante, pelo menos sob o ponto de vista científico, foi Roger Bacon, cerca de cinqüenta anos mais moço. De 1241 em diante, Bacon ensinou em Paris, mas em 1247 voltou a Oxford, onde foi apresentado a Grosseteste. A influência deste sobre Bacon foi imensa; na verdade, ele deve ter inflamado a imaginação do jovem de uma forma extraordinária, pois Bacon passou o resto da vida estimulando o estudo de línguas, da matemática e, especialmente, de óptica, e mergulhando na ciência experimental.

Quando tinha cerca de quarenta anos, Bacon tornou-se franciscano, mas parece que isso não lhe trouxe senão atribulações. Em breve, estava em conflito com São Boaventura, o superior da ordem, principalmente por causa da alquimia (a questão da transmutação dos metais não-preciosos) e da astrologia, ambas apoiadas por Bacon e detestadas por Boaventura, em um desacordo exacerbado pela insistência do superior em que não poderia haver nenhuma publicação por membros da ordem sobre qualquer desses assuntos, ou sobre teologia, sem sua expressa autorização. Embora Roger Bacon tenha contornado o regulamento fazendo com que Guy de Foulques (que em breve se tornaria o papa Clemente IV) requisitasse cópias de seu trabalho, seus pontos de vista intelectuais continuaram a mantê-lo atrapalhado. Depois que ele escreveu condenando as práticas de ensino tanto dos dominicanos como dos franciscanos, sua impopularidade entre as autoridades cresceu, e não surpreende verificar que ele acabou preso por alguns anos, principalmente por causa de seu "ensinamento averroísta", condenação que, naquele tempo, significava que ele via a razão e a filosofia como superiores à fé e ao conhecimento revelado (Averróis era o nome pelo qual Ibn Ruchd era conhecido na cristandade).

Sobre o trabalho de Ibn Ruchd em astronomia, ver páginas 103-104.

Roger Bacon foi uma figura importante, não porque se tenha rebelado contra a autoridade, mas por causa das virtudes positivas de sua perspectiva científica, embora manchada com tintas alquimistas e astrológicas. Segundo Bacon, havia quatro obstáculos para se conseguir a verdade das coisas: I) "autoridade fraca e inepta"; II) hábitos antigos; III) opinião popular sem instrução; IV) encobrimento da ignorância de alguém por uma aparência de sabedoria. Uma medida da clareza do pensamento de Bacon é que algumas, se não todas, dessas críticas ainda são válidas — especialmente a última. Ele não classificou a autoridade das Escrituras em sua categoria (I), embora tenha declarado que essa autoridade devia ser informada pela razão, e que a razão, por seu lado, tinha de ser confirmada pela experiência. Que espécie de experiência? Nesse caso, Bacon novamente foi específico, dividindo a experiência em duas espécies: experiência obtida por meio de experiência mística interior e conhecimento obtido por meio de causas exteriores, auxiliado por instrumentos e com a precisão fornecida pelo uso da matemática. Assim, ele confirmou a crença de Grosseteste na significação da evidência observada, atitude que deveria adquirir importância fundamental cerca de três séculos mais tarde.

Bacon chegou a declarar que a ciência natural conduzia não só ao conhecimento das coisas, mas também ao conhecimento de seu Criador, ambos os tipos de conhecimento formando uma unidade sob a orientação da teologia. Assim, ele achava que os homens deviam estudar línguas, matemática, óptica, ciência experimental, alquimia, metafísica e filosofia. Naturalmente, não havia conflito em sua mente entre filosofia, metafísica, religião e ciência experimental *(scientia experimentalis)*. Tudo era parte do conhecimento do homem, revelado ou observado. Nisso, a perspectiva de Bacon era mais medieval do que moderna e, naturalmente, sua *scientia experimentalis* não era a nossa ciência experimental moderna; era mais o que se chamou, mais tarde, de *magia naturalis,* magia natural. Era o conhecimento obtido pela experiência do mundo natural, usando apenas o senso de cada um ou com o auxílio de instrumentos, sendo conduzido a "admiráveis" descobertas e descrições; mas não era um conhecimento obtido por experiências especialmente designadas para responder a uma questão específica; isso foi coisa de uma época muito posterior. Entretanto, o trabalho de Bacon foi um passo ao longo dessa estrada, como a sua importante contribuição no campo da óptica torna evidente.

Sobre a descrição das funções do olho por Al-Haytham, ver páginas 110-112.

Ilustração à página 151

Seguindo Grosseteste, Bacon foi atraído pelas observações de Euclides, Ptolomeu e Al-Haytham, e também enfatizou que as lentes não serviam apenas para queimar, mas também para aumentar, para ajudar uma vista fraca. Ele descreveu o relato do olho por Al-Haytham, do ponto de vista de um meio de formação da imagem, e foi além, dando oito regras originais próprias para classificar superfícies de lentes convexas e côncavas em relação ao olho. Novamente, como Grosseteste, as observações que fez a respeito de seus efeitos ópticos são interessantes, e em certo ponto escreveu em sua *Opus majus* ("Trabalho principal"), que se completou por volta de 1267:

"Então podemos dar forma a corpos transparentes e arranjá-los de tal maneira com respeito a nossa vista e objetos de visão que os raios se curvarão do modo que desejarmos e no ângulo que quisermos; poderemos ver o objeto perto ou à distância. Assim, poderemos ler as menores letras a uma incrível distância [...]. Poderíamos também fazer, aparentemente, com que o Sol, a Lua e as estrelas descessem até aqui embaixo".

Sobre Della Porta, ver volume III, capítulo 7, "Física".

Bacon teria um telescópio experimental? É possível, embora, se o tivesse, seria provável que, considerando-se as lentes disponíveis na época, seu aumento fosse pequeno e a imagem óptica produzida, muito fraca. Além disso, dada a perspectiva geral da intelectualidade medieval, ele provavelmente não seria procurado como um instrumento de observação científica, mas encarado como curiosidade, um exemplo da magia natural, como de fato acabou sendo mais tarde, em 1589, quando Giambattista della Porta publicou uma descrição à moda de Bacon, numa versão ampliada de sua *Magia naturalis.*

Bacon acreditava em astrologia, mas seria um erro considerar isso muito importante, pois era um ponto de vista corrente, amplamente adotado, numa época em que a Terra ainda era o centro do universo e os profissionais de medicina prescreviam seus tratamentos para períodos astrologicamente auspiciosos. Em geral, Roger Bacon tinha um profundo senso científico. Foi ele que, em seus escritos, introduziu o conceito de "leis da natureza". Admite-se que não tenha inventado o termo; este pode ser encontrado nos trabalhos de São Basílio (século IV d.C.), e muito antes até, em Lucrécio, mas seu renascimento por obra de Bacon foi importante num período do século XIII em que estavam ocorrendo constantes modificações no pensamento filosófico. No entanto, a maior importância de Bacon reside no fato de que ele sempre tentou equilibrar uma autoridade com a outra, sempre insistindo em boas traduções dos trabalhos gregos e árabes, e enfatizando a importância do mundo natural. Seus escritos, na verdade, mostram as virtudes e não os vícios da escolástica — a mistura do dogma religioso com a filosofia, que era a marca registrada do pensamento da intelectualidade ocidental entre os séculos IX e XV.

Alberto Magno

Com Robert Grosseteste e Roger Bacon, chegamos perto do que seria conhecido hoje como ciência ocidental, mas eles não estão sós nessa concepção nem na promoção de novas idéias com o estímulo da descoberta dos trabalhos dos autores gregos. Um notável contemporâneo de perspectiva e influência semelhante foi Alberto Magno, ou "Alberto, o Grande", algumas vezes conhecido como o "doutor universal". Nascido em Laningen, na Baviera, por volta de 1200, de boa família, foi para a Universidade de Pádua, onde estudou ciências humanas e, então, contrariando os desejos de seus pais, se tornou um frade dominicano. Alberto Magno ensinou nos Estados germânicos até cerca de 1241, e então se mudou para a Universidade de Paris, onde dirigiu a "cadeira para estrangeiros". Sete anos mais tarde, encontramo-lo em Colônia, estabelecendo um *studium generale,* pois, apesar de seus títulos em teologia, Alberto era um estudioso com grandes interesses e uma inclinação pelo ensino. De fato, embora se tenha tornado superior dos dominicanos alemães por três anos e bispo de Regensberg por mais três, passou a maior parte da vida pregando e ensinando.

Sobre o envolvimento de Alberto Magno com a ciência árabe, ver páginas 103-104.

Alberto Magno desempenhou importante papel na introdução da ciência grega e árabe nas universidades da Europa ocidental, o que fez não sem grande oposição. Em geral, essas ciências, tal como apareciam nos currículos, eram selecionadas de enciclopédias — as quais muitas vezes constituíam nada mais que uma estranha mistura de fatos e fábulas — ou encontradas em trabalhos teológicos que discutiam os seis dias da criação; não se tratava da recém-descoberta ciência de Aristóteles e de outros filósofos gregos. Além do mais, a Igreja, em geral, se opunha às idéias de Aristóteles, especialmente em termos de ciência natural, e em 1210 as autoridades eclesiásticas de Paris condenaram os trabalhos científicos de Aristóteles; assim, qualquer pessoa que os ensinasse, pública ou privadamente, corria perigo de excomunhão. Nos dias em que a maior parte do ensinamento era uma concessão da Igreja e quando havia uma real e terrível crença nos tormentos do inferno, essa era uma séria e atemorizante ameaça e, embora o edito tenha sido revogado em 1234, continuou inibindo a difusão real da ciência grega nas universidades e escolas.

Foi em 1240, enquanto estava em Paris, que Alberto Magno tomou conhecimento dos trabalhos de Aristóteles, e ficou tão impressionado com eles que se deixou persuadir pelos companheiros dominicanos para parafrasear a ciência que eles continham. Isso se tornou uma tarefa monumental, pois Alberto não se limitou à ciência de Aristóteles; também parafraseou a lógica, a matemática, a ética, a política e a metafísica do sábio grego. Foi uma realização maravilhosa e, aos olhos dos sábios, pôs Alberto Magno em pé de igualdade com os famosos comentaristas árabes e com o próprio Aristóteles — daí o título "doutor universal". Nessas paráfrases, Alberto importou uma parte do pensamento platônico — traço que se tornou hábito em muitos pensadores medievais aristotélicos — e nunca receou discordar de Aristóteles; ao contrário de muitos estudiosos posteriores, jamais caiu na armadilha de julgar Aristóteles infalível. Na verdade, ele dava ênfase à importância do conhecimento baseado na observação; a ciência, ensinava Alberto, não consiste meramente em acreditar no que alguém diz, mas questionar a natureza das coisas.

Essa atitude em relação à ciência pode ser observada em seu próprio trabalho científico. Ele se sentiu infeliz com o tratamento dado por Aristóteles ao movimento das flechas e outros projéteis, especulou que a via-láctea era composta de estrelas e que a Lua não era um corpo perfeitamente imaculado, sugerindo que suas marcas escuras, longe de serem sombras criadas pela Terra, eram realmente causadas pelos traços de sua superfície. Tudo isso era novidade. E também o eram as sugestões sobre a participação dos elementos nos compostos químicos, assim como sua visão complacente da teoria atômica de Demócrito. Ele não destruiu a idéia da transmutação, tão querida dos alquimistas, embora não acreditasse que eles um dia a concretizassem. Mas, tal como Aristóteles antes dele, seu maior trabalho reside nas observações da natureza. Classificou mais de cem minerais, muitos dos quais encontrou nas minas e escavações que visitou durante suas viagens como bispo, e até encontrou tempo não apenas para estudar os animais e as plantas, mas também para escrever livros sobre eles. Seu tratado *Sobre os animais* contém algumas descrições de criaturas fabulosas, mas, mesmo assim, Alberto foi bastante sábio para rejeitar muitos mitos populares sem fundamento, como a crença amplamente difundida de que o pelicano abre o peito para alimentar os filhotes. De modo mais positivo, observou o acasalamento dos insetos, dissecou grilos e examinou alguns órgãos reprodutivos; abriu ovos a vários intervalos depois de serem postos, a fim de observar o desenvolvimento do pinto; observou o desenvolvimento de peixes e mamíferos e tinha idéias específicas sobre a nutrição dos fetos. Descreveu diversos animais do norte, desconhecidos de Aristóteles, e especulou sobre a existência de algum ser que habitasse as regiões polares, tivesse pele grossa e cujo pêlo fosse branco.

Quanto às plantas, Alberto Magno não foi menos original. Deu excelentes descrições, fez uma classificação sistemática segundo a forma — de sino, de pássaro, de estrela, etc. — e traçou uma distinção entre as espécies de espinhos com base em sua formação e

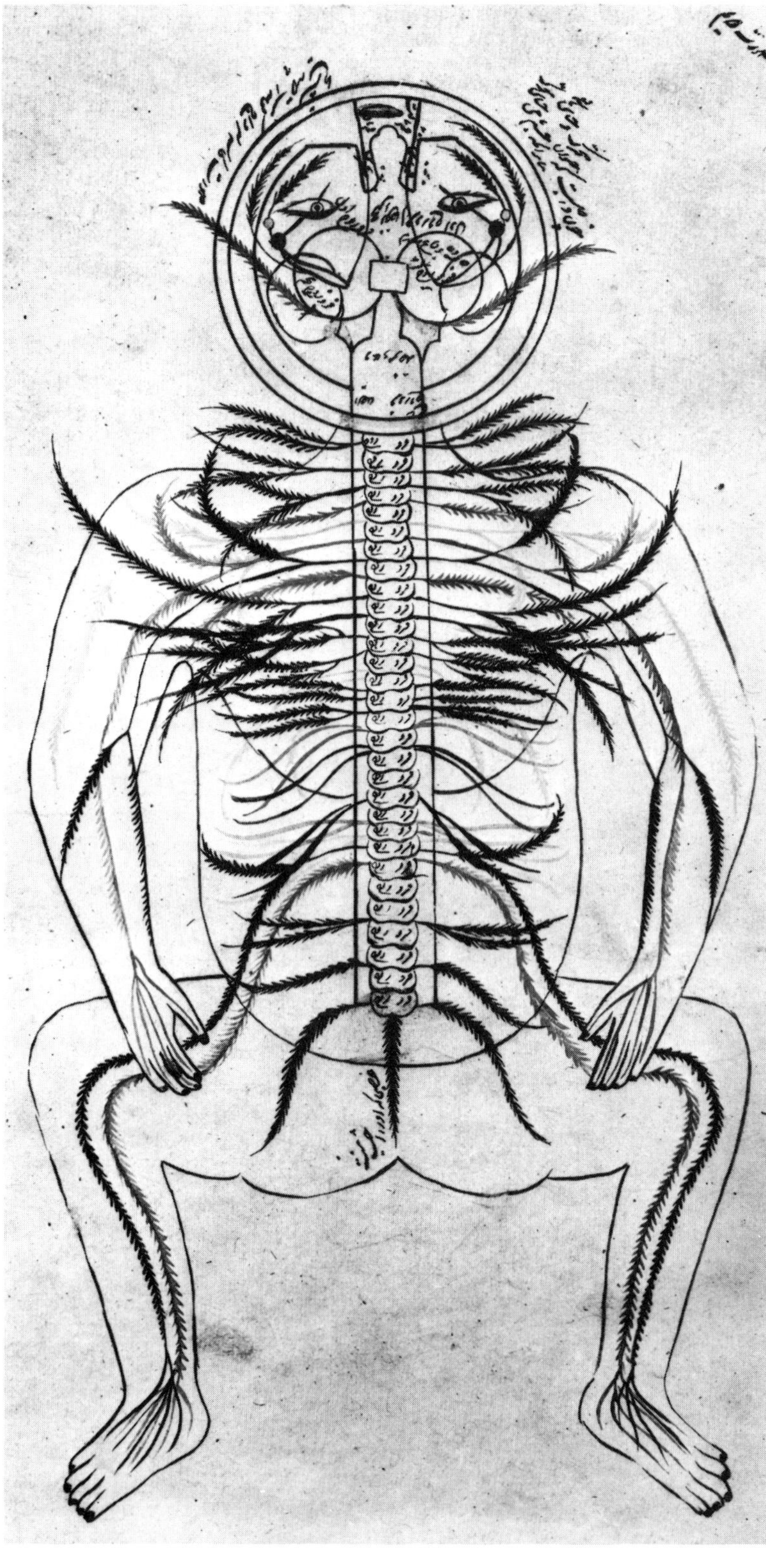

À esquerda. Desenho anatômico de veias e artérias, de um manuscrito do século XVII, de Mansur ibn Ahmad. Wellcome Institute of the History of Medicine, Londres.

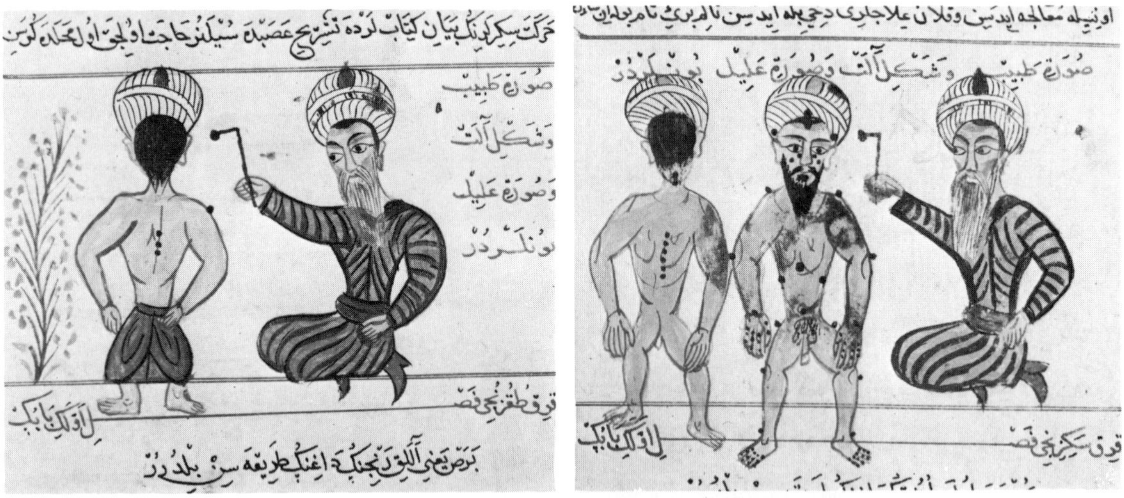

Acima. Cauterização de lesões causadas pela lepra, da versão turca de um manuscrito persa de cerca de 1300. Era prática amplamente usada no mundo islâmico, assim como no Ocidente medieval. Bibliothèque Nationale, Paris.

À direita. Operação cesariana, de um manuscrito islâmico do século XV, de Al-Biruni. Biblioteca da Universidade de Edimburgo.

À direita. Alambique de vidro do século X, usado para destilação. A alquimia islâmica desenvolveu habilidades em química combinadas com uma ênfase espiritual na relação entre a matéria e o cosmo. Museu da Ciência, Londres.

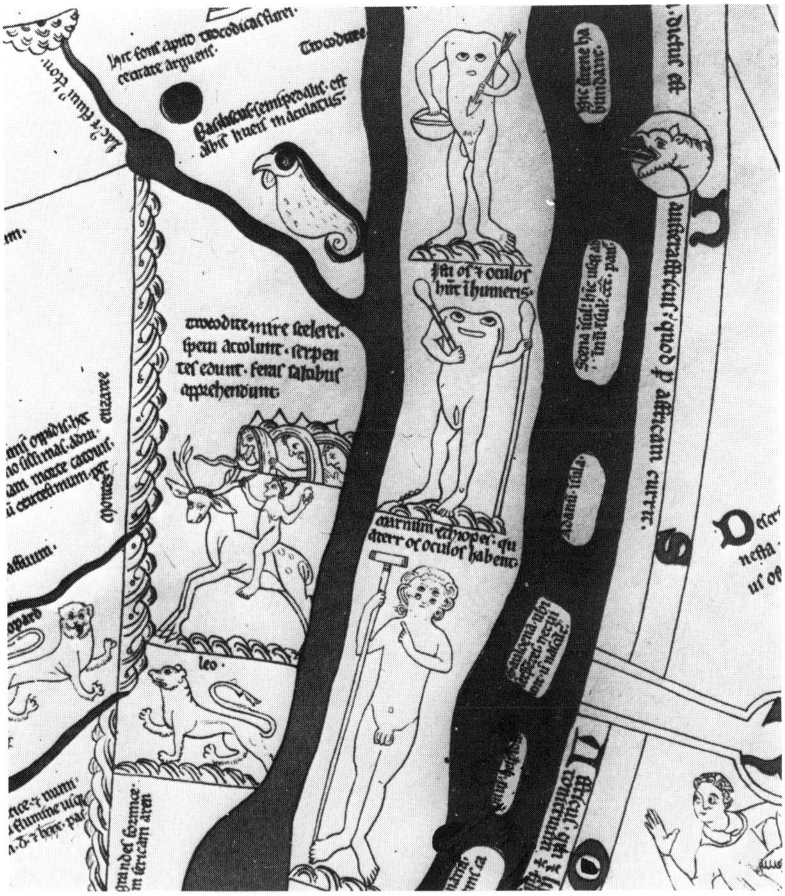

À esquerda. Detalhe do mapa-múndi da Catedral de Hereford, cerca de 1300, mostrando três das grotescas tribos que a cristandade medieval imaginava habitarem a África.

À esquerda. Como arrancar uma mandrágora com o ritual apropriado. A raiz aforquilhada da mandrágora (planta da ordem *Scrophulanales)* era considerada como representando a forma humana e tendo o poder dos espíritos da terra negra; nenhuma mão humana podia extraí-la. De um manuscrito do século XII, a partir de uma tradução latina do médico botânico grego Dioscórides. Biblioteca Britânica, Londres.

À direita. Desenho inglês de animais do fim do século XIV, alguns com representações formais, heráldicas, outros mais naturais. Magdalene College, Cambridge.

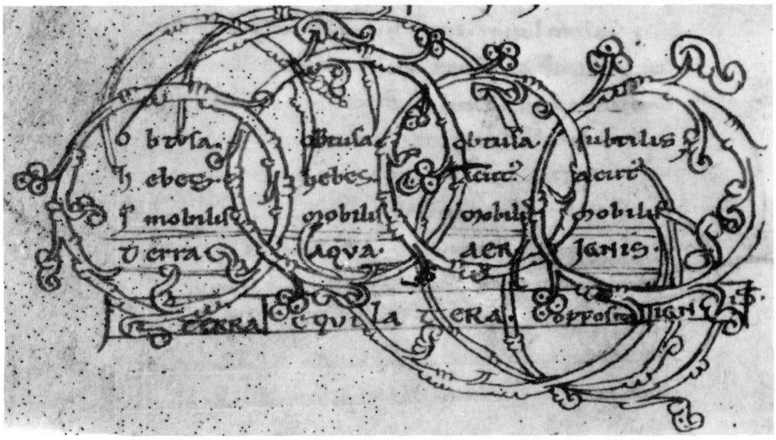

À direita. Diagrama dos quatro elementos interligados — fogo, ar, terra e água —, cerca de 1100. Gonville and Caius College, Cambridge.

À esquerda. Desenho de cauterização do princípio do século IX, forma de tratamento que, ao que se pensava, produzia efeito pela expulsão de líquidos nocivos do corpo através de úlceras. Biblioteca Medicea — Laurenziana, Florença.

À esquerda. Grandes alambiques alquímicos para destilação. A alquimia ocidental estava muito mais preocupada com a transmutação de metais não-preciosos em ouro do que a oriental.

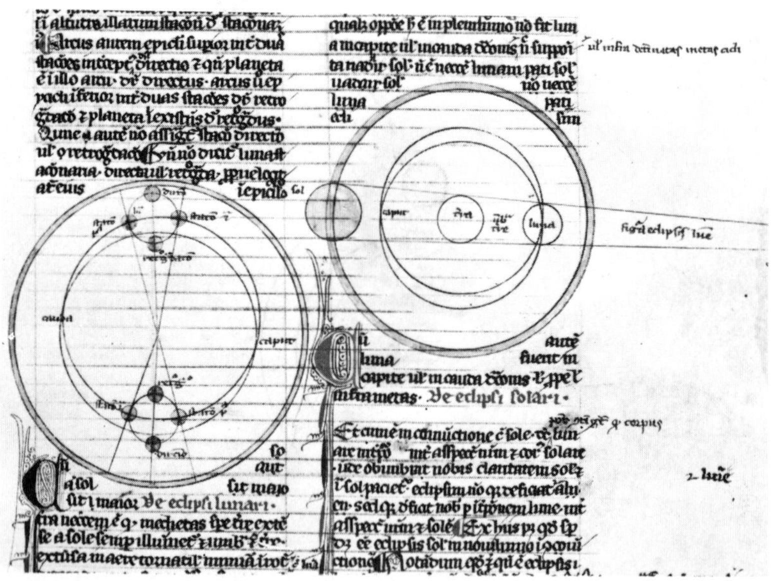

À direita. Eclipse do Sol e da Lua, como indicados por John Hollywood (Sacrobosco), em sua *De sphaera,* originalmente escrita por volta de 1200. Universitäts Bibliothek, Basiléia.

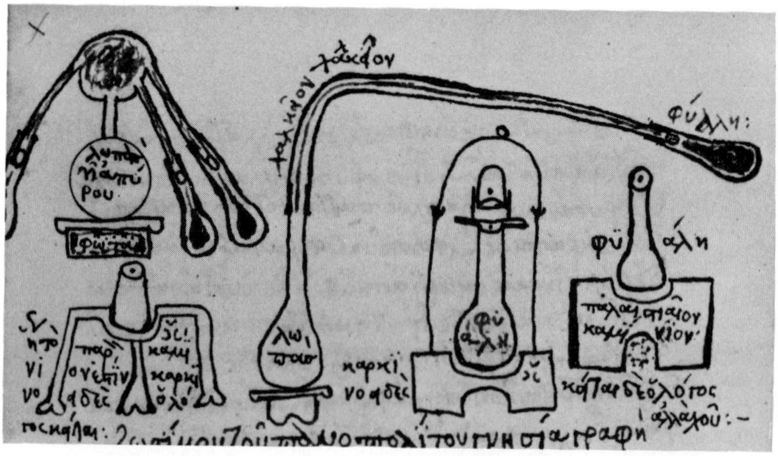

À direita. Esboço bizantino de laboratório alquímico, com equipamento conhecido à altura do ano 300 d.C. A alquimia e a astrologia eram os únicos campos da ciência a florescer em Bizâncio, particularmente antes do século V e depois de 1000 d.C. Bibliothèque Nationale, Paris.

À direita. A "fórmula do caranguejo", fórmula alquímica para a transmutação de metais não-preciosos em ouro, de autoria do sábio bizantino Zósimo, do século III ou IV. Indica uma seqüência de materiais e processos compreensível apenas por iniciados. Biblioteca Nazionale Marciana, Veneza.

Acima. Retrato de um frade dominicano usando óculos, de Thomasso a Modena, 1352; a mais antiga ilustração conhecida de lentes usadas para esse fim.

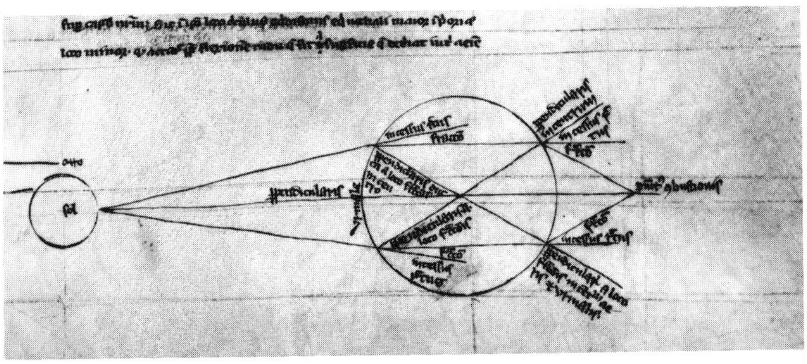

Acima, à esquerda. Estudo da difração da luz por uma lente esférica, feito por Robert Grosseteste, em meados do século XIII. Biblioteca Britânica, Londres.

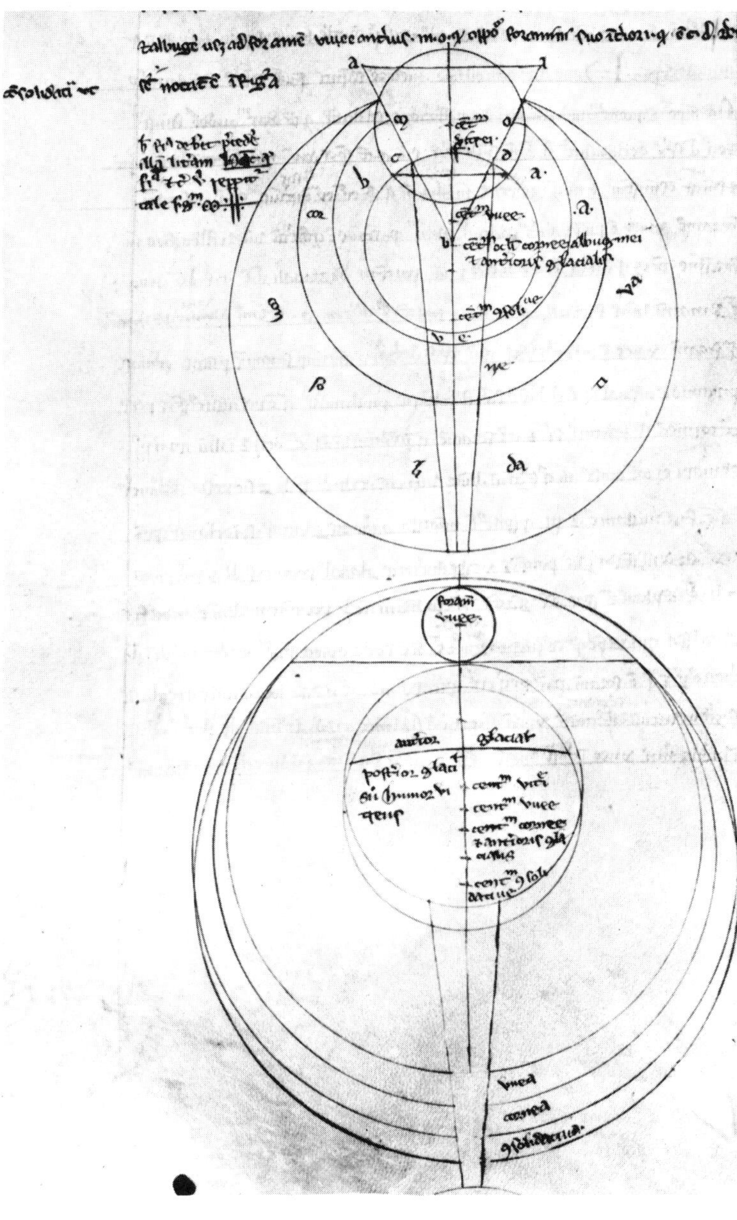

À esquerda. Estudo de Roger Bacon sobre a estrutura interna e a óptica do olho, do *Opus majus,* 1268. Compare-se com o desenho feito por Al-Haytham, à página 221. Biblioteca Britânica, Londres.

À direita. A torre da filosofia, com a teologia, "a rainha das ciências", presidindo a hierarquia do conhecimento, que inclui a geometria, a astronomia, a lógica, a música e a poesia. Da *Margarita philosophica,* de George Reisch, 1508.

À direita. Carreta puxada por cavalos, equipada com os ineficientes arreios de tirantes laterais da Idade Média. Do Luttrell Psalter, Biblioteca Britânica, Londres

estrutura. Fez também um estudo comparativo dos frutos e foi o primeiro a observar a importância da temperatura e da luz no crescimento das árvores e a estabelecer que a seiva nas raízes não tem sabor, mas vai-se tornando saborosa à proporção que ascende ao caule; aliás, foi também o primeiro escritor no Ocidente a mencionar o espinafre. Mas talvez o fato mais importante na botânica de Alberto Magno tenha sido sua crença de que alguns tipos de plantas existentes podiam transformar-se em outros e que, pelo enxerto, era possível obter novas espécies.

Com Alberto, assim como com Grosseteste e Roger Bacon, vemos as reações de grandes intelectos ao estímulo trazido pela ciência grega a uma cultura carente de um estudo sistemático do mundo natural. Mas, evidentemente, para os teólogos cristãos, esse influxo da filosofia grega tinha seus perigos: sua perspectiva era pagã e inimiga da religião revelada, pois fora nutrida numa cultura em que se prestava falsa reverência a deuses e deusas, sobre cuja existência os intelectuais tinham reservas. Além do mais, havia muitos aspectos na filosofia aristotélica que estavam em conflito com as Escrituras aceitas como autênticas pela Igreja cristã, como Grosseteste já verificara. Então, o que poderia ser feito? Seria seguro deixar homens do talento e da ortodoxia de Grosseteste e Alberto Magno terem acesso aos originais, mas e os outros, cuja doutrina cristã poderia tornar-se herética sob essa influência pagã; Certamente, havia necessidade de alguma síntese aceitável do cristianismo com o aristotelismo. Na verdade, essa seria uma tarefa formidável, mas surgiu o homem certo para fazer isso — fundir em uma amálgama a doutrina cristã e o pensamento pagão. Seu nome era Tomás de Aquino.

Tomás de Aquino

Nascido perto de Monte Cassino, por volta de 1225, Tomás era o filho mais moço de uma rica família italiana, que apoiava o sagrado imperador romano Frederico II contra o papado e, conseqüentemente, em precária posição política. Ele foi mandado para outras cidades a fim de receber educação, primeiro em um mosteiro, depois, na nova Universidade de Nápoles, onde estudou gramática, lógica e um pouco de ciência natural. Aos vinte anos, e contra a vontade da família, Tomás, como Alberto Magno, tornou-se frade dominicano; logo depois foi enviado para Paris a fim de receber uma educação complementar, pois, no século XIII, os dominicanos estavam à frente na vida intelectual. Em Paris, ele talvez tenha sido aluno de Alberto Magno; o certo é que Tomás foi influenciado pelo *studium generale* em Colônia.

Tomás de Aquino em breve demonstrou ser um hábil teólogo e, entre 1256 e 1259, lecionou teologia em Paris. Depois, após uma década na Itália, voltou a Paris para assumir, pela segunda vez, a cadeira de teologia; isso não era comum, mas provavelmente se deveu às disputas sobre o aristotelismo que lá haviam surgido entre os membros da tradicional ortodoxia agostiniana e os averroístas, adeptos do pensamento independente de Ibn Ruchd. Um dos prin-

Sobre Ibn Ruchd, ver páginas 103-104.

cipais aspectos era a questão da criação do mundo, e nesse ponto Aquino era cuidadoso. Achava que somente com a razão não se podia decidir se o mundo fora criado em determinado momento do tempo, de vez que não havia nada, do ponto de vista puramente filosófico, que o impedisse de ser eterno. Obviamente, esse era um caso em que o conhecimento revelado pelas Escrituras era vital para se chegar a uma decisão. Entretanto, apesar de sua atitude, Aquino teve as mesmas faltas dos averroístas e com eles foi condenado; sete anos mais tarde, em 1277, foi novamente condenado em razão de certos escritos. Mas Aquino morrera em 1274, tendo retornado a Nápoles no ano anterior para construir um *studium* dominicano perto da universidade onde ele ensinou e escreveu, atacando seus detratores com tratados polêmicos que lhe permitiram soldar uma síntese ainda mais íntima da filosofia pagã com a teologia cristã.

Embora não fosse um cientista, em Paris, o centro daquelas batalhas intelectuais sobre o ensinamento recentemente descoberto, Aquino se colocou do lado da razão. Quase sozinho, foi capaz de fazer a faculdade teológica mudar de rumo e chegar a bons termos com o ensinamento aristotélico. Opôs-se tenazmente à noção de que todo conhecimento provém da iluminação divina; as coisas invisíveis de Deus podiam, assim pensava, ser vistas através de sua criação visível. A razão podia trazer a verdade e a certeza. O mundo da natureza era um livro escrito por Deus. E tudo isso, junto com suas cuidadosas interpretações teológicas da ciência grega, significa que os cristãos ortodoxos não precisavam ter nada a temer da filosofia pagã. Quando se tratava de ciência, os gregos revelavam o mundo de Deus; quando se tratava de assuntos da salvação, então a Igreja e as Escrituras eram a autoridade reveladora. Depois de sua morte e da condenação de 1277, começou-se a perceber exatamente o quanto Aquino progredira na reconciliação da ortodoxia cristã com a ciência grega e, dentro de cinqüenta anos, ele já era encarado pela Igreja Católica ocidental como seu mestre mais representativo; foi canonizado em 1323.

João Duns Scot e Guilherme de Occam

A atitude que São Tomás de Aquino promoveu foi desenvolvida por dois outros importantes filósofos, os franciscanos João Duns Scot (nascido em Duns, na Escócia, cerca de 1266) e Guilherme de Occam, nascido perto de Londres, vinte anos depois. Duns Scot tornou as coisas "mais seguras" para o cientista ao distinguir a experiência e o raciocínio científico da teologia, declarando que o mais alto conhecimento só era obtido através de uma conscientização interior — uma conscientização que não envolvia os sentidos — e enfatizando que Deus, em seu ser infinito, era incognoscível pela observação física. Ainda mais, declarava que Deus podia sobrepujar as leis físicas e naturais se assim o quisesse; a única limitação era que Ele nunca podia fazer coisa alguma que fosse autocontraditória. Duns Scot morreu em 1308.

Guilherme de Occam iniciou a doutrina filosófica do nominalismo que deveria dominar o pensamento nas universidades do norte da Europa durante os séculos XIV e XV. Era uma doutrina a respeito de "universais" [1] e realmente se referia à questão da essência e da existência. Seus refinamentos não nos interessam, embora, de passagem, possa-se mencionar que Occam provou que não pode haver distinção real entre as duas, ponto de vista que ainda deveria exercer efeito nos séculos XVII e XVIII, em filósofos como John Locke e David Hume. Occam, agora provavelmente mais conhecido pela "navalha de Occam", seu princípio filosófico de economia *entia non sunt multiplicanda praeter necessitatem* ("as entidades não devem ser multiplicadas além da necessidade"), levou ainda mais longe a distinção entre o conhecimento científico e o revelado, que Duns Scot estimulara uma geração antes. Embora Occam tenha discordado profundamente da perspectiva filosófica geral de Duns Scot, apoiava sua atitude em relação à ciência.

Movimento

Essa distinção entre ciência e religião revelada foi estimulada pela condenação, em 1277, da filosofia aristotélica — se é que não se deveu totalmente a ela; juntamente com a reverência posterior à interpretação de Tomás de Aquino sobre os aspectos do ensinamento de Aristóteles que colidiam com o dogma cristão, encorajou os interessados na ciência a especular e até a encarar a ciência de Aristóteles com um olho crítico. Em nenhuma parte isso foi mais evidente que no ensinamento de Aristóteles sobre os corpos moventes. De fato, uma das poucas questões científicas que São Tomás de Aquino discutiu foi o difícil problema do movimento de um projétil. Esse foi um dos ensaios de menor sucesso dentre os que Aristóteles escreveu sobre o movimento, e surgiu em razão de sua crença de que, para que um corpo utilize qualquer movimento "não-natural" [2] (isto é, diferente da espécie "natural", tal como a queda ao chão), é preciso que se empregue constantemente uma força. Se a aplicação dessa força cessar, então o movimento "não-natural" cessará. Assim, no caso de uma flecha lançada por um arco, se a força que causa seu movimento "não-natural" em direção ao alvo fosse retirada, a flecha cairia diretamente no chão. Esse conceito como um todo levantou muitas discussões.

Em primeiro lugar, seu princípio básico era de que uma força constantemente aplicada causaria um movimento regular ou uniforme;

---

1 Os universais são o que hoje chamamos de conceitos. A disputa em torno do que eram os universais ocupou grande parte da filosofia medieval. Tratava-se de saber qual era sua essência, sua forma de existência e, ainda, suas relações com os objetos sensíveis. O conceito de cavalo como existe na mente não é nenhum cavalo em particular. E o cavalo real, o que tem do seu conceito? Observe-se a inspiração platônica desses questionamentos. (N. da R. T.)

2 Para Aristóteles, as coisas tinham um lugar natural conforme sua essência fosse dada pela terra, água, ar ou fogo, já que cada um desses "elementos originais" tinha um lugar que lhe era próprio. O "movimento natural" era aquele que fazia retornar as coisas ao seu lugar. (N. da R. T.)

Sobre a teoria do movimento de Aristóteles, ver volume I, página 111; sobre um ponto de vista alternativo, hindu, ver página 77.

não resultaria em qualquer aceleração (como agora esperaríamos que acontecesse), pois envolve um corpo em movimento contra uma resistência (a do ar). Se a resistência fosse removida o corpo se moveria com rapidez cada vez maior, até atingir uma velocidade infinita. Essa era uma das razões pelas quais Aristóteles pensava que o vácuo total — o qual, naturalmente, não oferecia resistência — era impossível. Caso se aceite o vácuo, então toda a questão atinge proporções absurdas.

Em segundo lugar, havia o problema — e este era certamente o principal — do que mantinha o corpo em movimento. Quando a corda do arco era solta, ela empurrava a flecha e fazia esta iniciar sua jornada. Mas, uma vez que a flecha tivesse abandonado o contato com a corda, por que não caía diretamente no chão? O que a mantinha em movimento? Aristóteles sugeriu que o ar, dividido pela flecha em movimento, fechava-se atrás dela e, assim, continuava a impeli-la. Mas o ar era o elemento resistente ao movimento; como poderia ser também a força propulsora?

Um dos primeiros a enfrentar novamente a questão do movimento através de um meio resistente foi Thomas Bradwardine. Um sábio de Oxford, que seria arcebispo de Canterbury por apenas um mês, em 1349, antes de se tornar vítima da Peste Negra (praga que matou um terço da população européia entre 1347 e 1351), Bradwardine escreveu um importante *Tratado sobre as proporções.* Essencialmente, era uma discussão do problema da precisa relação matemática entre a magnitude da força motora de Aristóteles, a força do meio resistente e a velocidade alcançada pelo corpo em movimento. O que Bradwardine fez, em primeiro lugar, foi mostrar que todas as fórmulas correntes eram inadequadas, pois nenhuma satisfazia completamente o ensinamento básico aristotélico de que o movimento só ocorre quando a força motora excede a resistência; nenhuma resistia a condições extremas. Tendo mostrado as impropriedades das formulações anteriores, Bradwardine ofereceu, então, sua própria solução: ela envolvia as "forças" das quantidades variáveis presentes, passo que abriu o problema para exame mais profundo e que foi usado por aqueles que, posteriormente, atacaram a questão, especialmente Nicole d'Oresme, discípulo do famoso e influente mestre Jean Buridan.

Buridan nasceu em Bethune, no norte da França, por volta de 1295; era um clérigo secular (isto é, não pertencia a uma ordem religiosa), foi duas vezes reitor da Universidade de Paris e exerceu imensa influência no estudo da ciência natural na primeira metade do século XIV. Estimulado pelo trabalho de Occam, Buridan escreveu sobre lógica, assim como sobre ciência física; de fato, é provavelmente mais lembrado hoje em dia por sua lógica e pela parábola conhecida como o "asno de Buridan", que ilustra o problema do livre-arbítrio. A parábola conta como um asno, colocado à mesma distância entre um alqueire de aveia e um balde de água, morre de sede e de fome por não conseguir decidir o que consumir primeiro. A fonte da parábola é bastante obscura, pois o exemplo de Buridan envolvia o comportamento de um cão, não um asno, a escolha era entre duas quantidades iguais de comida, e não comida e água, e o cão não morreu de fome por verificar que sua escolha, nessas condições, podia ser feita ao acaso.

A importância de Buridan para nós é que ele falou abertamente contra o uso de explicações sobrenaturais para fenômenos naturais e tinha forte crença no princípio de causa e efeito no mundo natural; acima de tudo, foi ele quem apresentou solução mais aproximada ao problema do movimento de um projétil, usando o conceito do "ímpeto". Alberto Magno mencionou a idéia de ímpeto quando discutiu o que podemos chamar de problema do projétil, mas Buridan encarou-o quase do modo como consideraríamos a inércia, como uma coisa inerente a um corpo. De qualquer forma, o conceito de Buridan foi de grande significação.

É interessante que Buridan aplicou a doutrina do ímpeto ao movimento planetário. Sugeriu que Deus talvez tenha, originalmente, saturado os planetas com ímpeto e, se essa parece uma explicação sobrenatural, constitui sem dúvida um avanço em relação à idéia de Aristóteles de que cada planeta era movido por uma inteligência guiadora. Foi um significativo passo à frente em direção a uma explicação física do comportamento de todo o universo e, claramente, influenciou pensadores futuros, como foi o caso de Nicole d'Oresme, discípulo de Buridan.

Nicole d'Oresme

D'Oresme nasceu por volta de 1320, estudou na Universidade de Paris e mais tarde tornou-se amigo do delfim de França (o futuro rei Carlos V) e bispo de Lisieux, onde morreu em 1382. Pregador dinâmico, amigo de príncipes, sutil e hábil tradutor do latim para o francês, D'Oresme exerceu considerável influência, e suas idéias científicas tiveram ampla repercussão.

Forte oponente da astrologia, D'Oresme foi o primeiro a usar a metáfora do céu como um relógio — o relógio mecânico chegara recentemente à Europa ocidental —, embora não aceitasse o argumento de Buridan sobre a divina dádiva do ímpeto dos planetas e ainda defendesse as inteligências guiadoras. Para D'Oresme, ainda havia uma diferença básica entre os movimentos terrestres e celestes. Novamente, não aceitou a idéia de Buridan de que o ímpeto era algo permanente em um corpo, e, em vez disso, pensava que ele era autoconsumível. Esse foi um progresso interessante e importante. Tornou o ímpeto sinônimo de uma forma transitória da força impulsora que conduzia o projétil adiante, depois de este ter recebido o impulso inicial. Duraria, porém, apenas certo tempo e, quando tivesse sido consumido, o projétil cessaria de se mover e cairia no chão.

D'Oresme aplicou a matemática ao movimento planetário e outros e, assim, ampliou o trabalho de Bradwardine, pois usou não apenas números "racionais" para as potências das quantidades variáveis no problema do projétil, mas também trabalhou com potências "irracionais". Uma vez que os números irracionais eram aqueles que não podiam ser expressos por relações simples [isto é, enquanto um número racional como meio (0,5) pode ser expresso por 1/2, um número irracional como a raiz quadrada de 2 (1,4142136...) não pode ser escrito como uma relação simples], D'Oresme acreditava haver certa indeterminação numérica para expressar o comportamento do universo. Isso lhe deu munição contra a astrologia, que, declarava ele, se baseava em uma determinação rígida.

D'Oresme também aplicou o conceito do "centro de gravidade" aos corpos no universo. Nisso seguiu Buridan, o qual pensava que a Terra alterava ligeiramente sua posição no espaço quando a erosão de sua superfície modificava-lhe a posição do centro de gravidade, o qual devia ficar no centro do universo. Falava também sobre a possibilidade de outros mundos habitados no espaço, idéia que tinha as maiores implicações religiosas. O fato de ele poder até sugerir isso dá uma medida de o quanto ciência e religião se tinham tornado distintas, embora fosse obrigatório para D'Oresme e outros, ao expressarem idéias radicais ou não-ortodoxas em nome da ciência, tornar claro que se tratava de especulações, não descrições da realidade.

O movimento dos corpos cadentes era outro aspecto das leis básicas do mundo físico que foi enfrentado pelos filósofos do século XIV. No Merton College de Oxford, na década de 1330, descobriu-se um método para medir a aceleração uniforme pela velocidade média; esse método seria adotado por Galileu, mas D'Oresme não o empregou. Ele sugeriu que a velocidade de descida dos corpos na Terra dependia do tempo de duração da queda, e não da distância que ele tivesse percorrido; evidentemente ele pensava em termos de iguais aumentos de velocidade em tempos iguais, pressagiando nossa atual expressão do índice de aceleração de 981 centímetros por segundo a cada segundo. Foi D'Oresme também quem escreveu sobre os modos geométricos e numéricos de analisar o movimento, trabalho que daria frutos séculos depois, como veremos.

Conclusão

O tardio movimento científico medieval concentrou-se na ciência física, pois esse era um assunto no qual era possível exercer a precisão de pensamento e a liberdade de especulação, que seriam muito mais difíceis ou até impossíveis em outros campos. Foi um trabalho que deveria ter continuidade nos séculos seguintes, na época que veio a se chamar de Renascença e no período que é muitas vezes denominado de Revolução Científica. E é nas ciências físicas que vemos mais claramente a emergência da ciência moderna, baseada, em grande parte, nas atitudes inquiridoras dos sábios do fim da Idade Média.

Bibliografia

Observações importantes sobre as revoluções no pensamento científico podem ser encontradas em um livro bastante especializado, *The structure of scientific revolutions*, de Thomas Kuhn, 2.ª edição, Chicago e Londres, 1970.

Capítulo 3 — *Ciência chinesa*

A avaliação mais completa da ciência chinesa encontra-se em *Science and civilization in China*, de Joseph Needham, Cambridge, 1954 (vol. 1) em diante; a obra ainda não está terminada. Essa é uma obra vultosa e especializada, e para os leitores em geral existe *The shorter science and civilization*, de Colin A. Ronan. Essa é uma versão reduzida da obra mais extensa, reescrita em termos mais simples. O volume 1 foi publicado em 1978 e o volume 2, em 1980, ambos em Cambridge. Essa obra também ainda se encontra em andamento.

Alguns ensaios curtos mas elucidativos sobre o assunto também podem ser encontrados em *Clerks and craftsmen in China and the West*, de Joseph Needham, Cambridge, 1970. Os artigos sobre Li Shih Shen, Shen Kua e Wang Hsi-Shan de autoria de Nathan Sivin, publicados no *Dictionary of scientific biography*, também valem a pena serem lidos.

Capítulo 4 — *Ciência hindu e indiana*

A obra clássica sobre a ciência indiana é *A concise history of science in India*, organizada por D. M. Bose, S. N. Sen e B. V. Subbarayappa, Nova Deli, 1971. Entretanto, há também um artigo informativo sobre "History of mathematical astronomy in India", de David Pingree, no volume XV do *Dictionary of scientific biography*, apesar de ser bastante especializado.

Capítulo 5 — *Ciência árabe*

A avaliação da ciência islâmica de maior popularidade é *Islamic science — An illustrated study*, de Seyyed H. Nasr, Londres, 1976. Neste caso também, há alguns artigos biográficos no *Dictionary of scientific biography*, mas não existem biografias em inglês de cientistas islâmicos.

Capítulo 6 — *Ciência romana e medieval*

Para uma visão geral da ciência medieval mais detalhada do que é possível dar aqui, veja *Augustine to Galileo,* de A. C. Crombie, Londres, 1952. Mais especializados são *Robert Grosseteste and the origins of experimental science,* de A. C. Crombie, Oxford, 1952, e também *Physical science in the Middle Ages,* de Edward Grant, Nova York e Londres, 1971.

Índice analítico e onomástico

Os números das páginas referentes às legendas das ilustrações estão em itálico.